Les cahiers d'**exercices** ASSiMiL®

Luxembourgeois

Faux-débutants
Intermédiaire

Jackie Messerich et Franck Colotte

À propos de ce cahier

En 150 exercices, les 15 chapitres de ce cahier vous permettront d'effectuer un balayage systématique et progressif des fondamentaux de la grammaire luxembourgeoise : de la prise de contact à l'expression de la vie quotidienne que vous pourrez exposer en vous appuyant sur divers actes de communication, en passant par l'apprentissage contextualisé d'outils essentiels comme les conjugaisons, les pronoms, les prépositions, etc. Vous vous plongerez dans cette nouvelle langue sur un mode ludico-culturel.

Dans ce cahier, tous les points importants de la langue luxembourgeoise sont abordés : les articles, les substantifs, les pronoms, les adjectifs, les verbes réguliers et irréguliers, les formes de phrase, les indications de temps et d'heure... autant d'instruments de base pour commencer à s'exprimer au quotidien !

Enfin, ce cahier vous permet d'effectuer votre autoévaluation : après chaque exercice, dessinez l'expression de vos icônes (🙂 pour une majorité de bonnes réponses, 😐 pour environ la moitié et ☹ pour moins de la moitié). À la fin de chaque chapitre, reportez le nombre d'icônes relatives à tous ces exercices et, en fin d'ouvrage, faites les comptes en reportant les icônes des fins de chapitres dans le tableau général prévu à cet effet.

Sommaire

1

Révision des verbes réguliers et irréguliers, verbes de modalité

Les verbes réguliers à l'indicatif présent

On retrouve un paradigme de conjugaison assez régulier en ce qui concerne les terminaisons. L'infinitif est, pour la plupart des verbes, identique à la 1re personne du singulier (**ech**), et aux 1re et 3e personnes du pluriel (**mir** et **si**). La 2e personne du singulier (**du**) prend la terminaison **-s** (sauf si le radical se termine par **-s** ou **-z**), la 2e personne du pluriel (**dir/Dir**) et la 3e personne du singulier (**hien/si/hatt**) prennent la terminaison **-t**. Les terminaisons se rattachent au radical du verbe, et, contrairement aux verbes irréguliers, il n'y a pas de changement vocalique dans le radical.

Paradigme du verbe régulier kucken, *regarder*

kuck-en
ech kuck-en
du kuck-s
hien/si/hatt kuck-t
mir kuck-en
dir/Dir kuck-t
si kuck-en

1 Complétez le tableau.

	ech	du	hien/si/hatt	mir	dir/Dir	si
sichen *(chercher)*	sichen			sichen		
spillen *(jouer)*			spillt			spillen
liesen *(lire)*			liest			liesen
léieren *(apprendre)*		léiers			léiert	
wunnen *(habiter)*				wunnen		
kucken *(regarder)*		kucks	kuckt			
drénken *(boire)*						
schaffen *(travailler)*	schaffen					schaffen
kachen *(cuisiner)*		kachs			kacht	
invitéieren *(inviter)*				invitéieren	invitéiert	

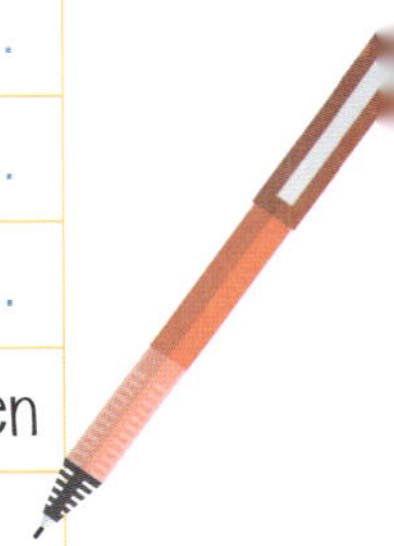

Les verbes irréguliers

Il est difficile de classer les verbes luxembourgeois en groupes de conjugaison, ou en verbes forts ou faibles. Pour la plupart, ils sont irréguliers seulement aux 2e et 3e personnes du singulier, avec quelques exceptions évidemment. On retrouve un paradigme de conjugaison assez régulier en ce qui concerne les terminaisons. L'infinitif est, pour la plupart des verbes, identique à la 1re personne du singulier (**ech**), et aux 1re et 3e personnes du pluriel (**mir** et **si**). L'irrégularité se manifeste dans le changement vocalique.

Exemple : **Ech maachen** = *je fais*, mais : **du méchs** = *tu fais* / **hie mécht** = *il fait*
Ech kafen = *j'achète*, mais **du keefs** = *tu achètes* / **hie keeft** = *il achète*

2 Complétez le tableau.

	ech	du	hien/si/hatt	mir	dir/Dir	si
fueren *(aller)*	fueren	fiers				
kafen *(acheter)*		keefs			kaaft	
lafen *(courir)*			leeft			lafen
huelen *(prendre)*			hëlt	huelen		
schlofen *(dormir)*	schlofen				schlooft	
froen *(demander)*		frees		froen		
kommen *(venir)*			kënnt		kommt	
iessen *(manger)*	iessen	ëss				
maachen *(faire)*			mécht			maachen
verstoen *(comprendre)*	verstinn				verstitt	

3 **Dans les phrases suivantes, s'agit-il de verbes réguliers ou irréguliers ? Mettez le verbe à l'infinitif et traduisez les phrases en français.**

Exemple : Lauschters du gär klassesch Musek? → lauschteren / Aimes-tu écouter la musique classique ?

a. Mir ginn all Dag an d'Kantin iessen.

....

....

b. D'Marie fënnt säi Schlëssel net.

....

....

c. Schwätzt Dir Lëtzebuergesch doheem?

....

....

d. Flitts du ëmmer mam Fliger an d'Vakanz?

....

....

e. Dir kritt keng Hausaufgabe fir d'nächst Woch.

....

....

f. D'Receptionnistin seet de Leit frëndlech Moien.

....

....

g. Mäi Brudder séngt elo an enger Rockband.

....

....

h. Wéi heescht Dir mam Familljennumm?

....

....

i. Wie reservéiert de Restaurant fir muer den Owend?

....

....

Changement de consonnes

Dans la formation de certains verbes irréguliers, on observe un changement de consonnes qui prend soit la forme d'une alternance **w/f**, soit **d/t** :

Exemple : w/f	Exemple : d/t
ech liewen	**ech leiden**
du liefs	**du leits**
hien/si/hatt/et lieft	**hien/si/hatt/et leit**
mir liewen	**mir leiden**
dir lieft	**dir leit**
si liewen	**si leiden**

Banque de mots

bleiwen, *rester*
bueden, *se baigner, prendre un bain*
hiewen, *soulever*
landen, *atterrir*
leiden, *souffrir*
liewen, *vivre*
reiwen, *frotter*
schneiden, *couper*
schreiwen, *écrire*
schueden, *nuire*

4 **Mettez les phrases suivantes à la 2e personne du singulier et du pluriel et à la 3e personne du singulier (HIEN/SI/HATT au choix).**

a. Mir schreiwen eng Postkaart aus der Vakanz.

....

....

b. Wéi laang bleiwe si nach an den USA?

....

....

c. Ech reiwen d'Fënster mat engem Duch dréchen.

....

....

d. Mir liewen an enger flotter Stad.

....

....

e. Si hiewen de Canapé an d'Luucht.

....

....

f. Ech buede gär an enger grousser Bidden.

....

....

g. Mir leiden, wann et dobaussen ze waarm ass.

....

....

h. Si schneiden d'Brout mat enger Maschinn.

....

....

i. Um wéi vill Auer lande mir?

....

....

j. Wiem schuede mir domat?

....

....

Banque de mots

Aarbecht, *travail*
Bidden, *baignoire*
Bus, *bus*
Chef, *chef*
Fra, *femme, épouse*
geschwënn, *bientôt*
interessant, *intéressant*
Kantin, *cantine*
Kolleeg, Kolleegin, *collègue*
opstoen, *se lever*
sech verstoen, *s'entendre*
spadséiere goen, *se promener*

5 Traduisez les phrases suivantes en luxembourgeois (tous les verbes sont irréguliers à l'indicatif présent).

a. Paul se lève à 7 heures.

....

b. Il prend le bus à 8 heures.

....

c. Il va au travail en bus.

....

d. Le week-end, il va se promener avec sa femme.

....

e. Il mange tous les jours à la cantine.

....

f. Il trouve que son travail est intéressant.

....

g. Bientôt il aura (« reçoit ») un nouveau chef.

....

h. Il s'entend bien avec ses collègues.

....

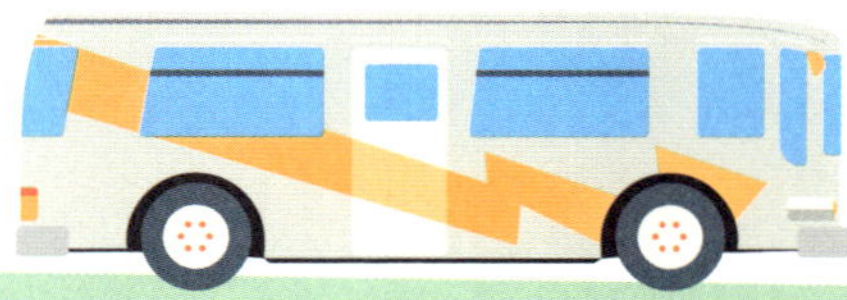

Verbes similaires

En luxembourgeois, certains verbes ont des formes de conjugaison très proches voire homographes, bien que leur signification soit différente.

Exemple :

leien, *être couché / étendu*	leeën, *poser*	ginn, *donner, devenir*	goen, *aller*
ech leien	**ech leeën**	**ech ginn**	**ech ginn**
du läis	**du lees**	**du gëss**	**du gees**
hien/si/hatt/et läit	**hien/si/hatt/et leet**	**hien/si/hatt/et gëtt**	**hien/si/hatt/et geet**
mir leien	**mir leeën**	**mir ginn**	**mir ginn**
dir leit	**dir leet**	**dir gitt**	**dir gitt**
si leien	**si leeën**	**si ginn**	**si ginn**

6 De quel verbe s'agit-il ? LEIEN ou LEEËN ?

	LEIEN	LEEËN
a. Am Wanter läit vill Schnéi an den Alpen.	☒	☐
b. Sidd Dir krank? Firwat leit Dir am Bett?	☐	☐
c. Lee deng Bicher hei op den Dësch.	☐	☐
d. Ech leien net gär an der Sonn.	☐	☐
e. Lees du deng T-Shirte w.e.g an d'Kommoud?	☐	☐
f. Dir leet en Diwwi op d'Bett.	☐	☐
g. Läis du de Weekend ëmmer sou laang am Bett?	☐	☐
h. De Croupier leet d'Kaarten op den Dësch.	☐	☐

Banque de mots

akafe goen, *faire les courses*
all Dag, *tous les jours*
an d'Vakanz, *en vacances*
Bees, *bise*
eemol de Mount, *une fois par mois*
Kopie, *copie*
Moie soen, *saluer*
Student, *étudiant*

7 Traduisez les phrases suivantes en utilisant les verbes GOEN et GINN. En cas de besoin, consultez les tableaux de conjugaison en page 7.

a. Je vais faire les courses au supermarché tous les jours.

....

b. Le professeur donne une copie aux étudiants.

....

c. Où vas-tu en vacances ?

....

d. Nous allons souvent au cinéma.

....

e. Vous allez nager avec moi.

....

f. Pour saluer, les Luxembourgeois se donnent trois bises.

....

g. Me donnes-tu ton adresse ?

....

h. Jean va chez le coiffeur une fois par mois.

....

8 Entourez le verbe de modalité qui convient.

a. **Dir musst** *(vous êtes obligés)* **/ Dir sollt** *(vous devez)* **/ Dir kënnt** *(vous pouvez)* all 3 Joer mam Auto an d'technesch Kontroll goen.

b. **Wëlls du** *(veux-tu)* **/ Kanns du** *(peux-tu)* **/ Däerfs du** *(as-tu le droit)* gutt Piano spillen?

c. Am Restaurant **musst Dir / sollt Dir / däerft Dir** net fëmmen.

d. **Mir mussen / Mir brauchen / Mir wëllen** den Owend an de Concert goen.

e. Ech si krank, **ech kann / ech muss / ech däerf** doheem bleiwen.

f. Et ass waarm, **soll ech / muss ech / kann ech** eng Fënster opmaachen?

9 Remettez les phrases dans l'ordre (en commençant par le sujet).

a. d'Claire / muss / maachen / e Regime

b. goen / net / schwamme / kënnen / mir / haut

c. ech / weess / säin / Numm / net

d. Computer / d'Myriam / brauch / en neie

e. Dir / hei / parken / däerft / net

f. de Patient / soll / Medikamenter / owes / seng / huelen

a. → ....

b. → ....

c. → ....

d. → ....

e. → ....

f. → ....

10 **Insérez la traduction des verbes (sans le pronom) dans la grille.**

vertical
1. il sait
2. elle appelle
3. tu achètes
4. il fait
5. elle donne

horizontal
a. tu vas
b. tu vois
c. elle vient
d. tu manges
e. il prend

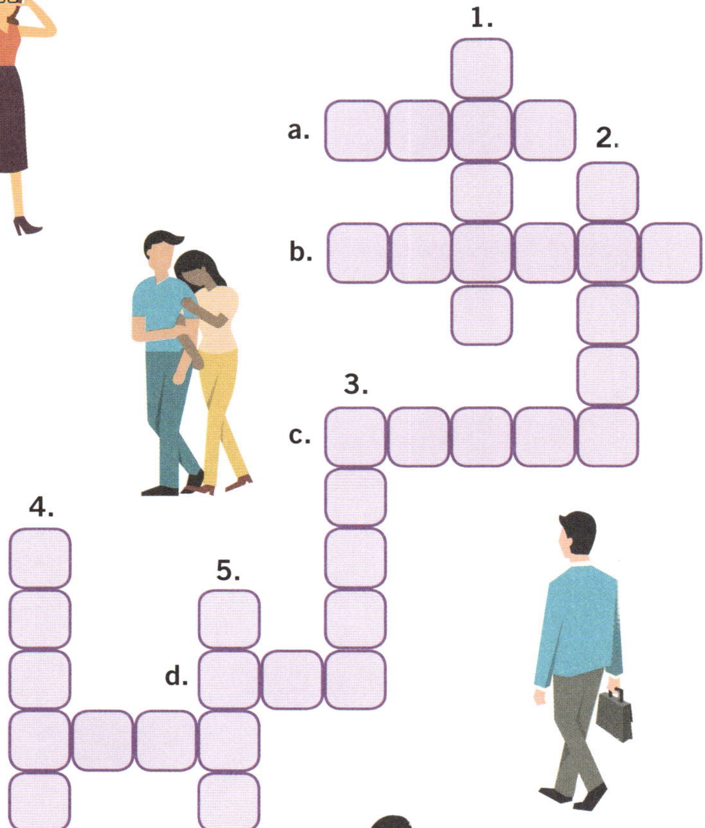

Bravo, vous êtes venu(e) à bout du chapitre 1 ! Il est maintenant temps de comptabiliser les icônes et de reporter le résultat en page 128 pour l'évaluation finale.

2

Les verbes pronominaux / pronoms réfléchis / verbes à particules séparables / Activités de loisirs et passe-temps / Activités journalières

Les verbes à particule séparable

Le luxembourgeois dispose de beaucoup de verbes formés à l'aide de préfixes qui modifient le sens d'un verbe de base. Parmi les nombreuses particules verbales séparables, on a notamment : **an-, aus-, , duerch-, ëm-, eran-, eraus-, erop-, erof-, fort-, heem-, mat-, un-, op-, zréck- (ou zeréck-)**. Ces particules peuvent être séparées de leur élément de base lors de la conjugaison à certaines conditions bien définies. Alors que la particule reste collée au verbe à l'infinitif, au participe et dans une proposition subordonnée, elle sera séparée de toutes les autres formes verbales.

Exemple : **u/maachen** : **Ech maachen d'Luucht un** = *J'allume la lumière.*
aus/maachen : **Ech maachen d'Luucht aus** = *J'éteins la lumière.*

Remarque : En raison de la règle du **-n**, certains préfixes perdent le **-n** final dans le verbe composé (**un+maachen = umaachen**).

Banque de mots

Les verbes **fueren** (*aller*) et **maachen** (*faire*) peuvent par exemple être combinés avec beaucoup de préfixes différents :

erof**fueren**, *descendre*
erop**fueren**, *monter*
fort**fueren**, *partir*
heem**fueren**, *rentrer à la maison*
mat**fueren**, *accompagner*
u**fueren**, *démarrer*
zréck**fueren**, *retourner en véhicule*
aus**maachen**, *éteindre*
op**maachen**, *ouvrir*
u**maachen**, *allumer*
zou**maachen**, *fermer*

CHAPITRE 2 : LES VERBES PRONOMINAUX / PRONOMS RÉFLÉCHIS / VERBES À PARTICULES SÉPARABLES / ACTIVITÉS DE LOISIRS ET PASSE-TEMPS / ACTIVITÉS JOURNALIÈRES

1 **Combinez les préfixes avec les verbes correspondants (en éliminant le -n final le cas échéant) et conjuguez à la première personne.**

Exemple : zou + maachen → zoumaachen, ech maachen ... zou

→ FUEREN

→ MAACHEN

a. zréck + | a. → ....

b. un + | b. → ....

c. aus + | c. → ....

d. mat + | d. → ....

e. erop + | e. → ....

f. heem + | f. → ....

2 **Trouvez la traduction correspondante. De quel verbe séparable s'agit-il ?**

a. Je ferme la porte. [5]
infinitif : zoumaachen

b. Tu rentres à la maison à 18 heures. [ ]
infinitif : ....

c. Nous sortons tous les samedis. [ ]
infinitif : ....

d. Ils participent au jeu. [ ]
infinitif : ....

e. Ma sœur n'éteint jamais la lumière. [ ]
infinitif : ....

f. Nous allumons la radio dans la voiture. [ ]
infinitif : ....

1. Meng Schwëster mécht d'Luucht ni aus.
2. Si maache beim Spill mat.
3. Mir maachen de Radio am Auto un.
4. Du fiers um 18 Auer heem.
5. Ech maachen d'Dier zou.
6. Mir ginn all Samschdeg eraus.

3 Cherchez les dix verbes séparables qui se cachent dans la grille et donnez leur traduction.

K	K	N	N	L	X	P	W	I	W	Y	Z	U	T	Z	N	N	L
K	X	F	S	E	S	J	R	O	T	D	D	T	G	G	U	B	R
A	Q	F	W	U	M	E	L	L	E	N	E	W	Z	U	K	M	Y
E	R	D	E	E	C	G	V	X	S	G	M	J	W	I	X	I	S
R	V	L	Y	R	X	D	U	M	A	A	C	H	E	N	S	Y	C
O	C	K	R	O	S	P	I	A	S	C	H	R	E	I	W	E	N
P	J	F	U	F	Ä	N	K	E	N	T	Y	W	V	Q	K	W	E
G	K	O	Y	G	Q	W	T	G	N	V	Q	Z	B	O	I	G	B
O	Q	Y	D	O	L	Z	E	R	É	C	K	F	U	E	R	E	N
E	R	M	T	E	C	G	D	R	F	I	I	F	N	P	N	R	A
N	O	Q	P	N	N	M	G	P	N	K	C	W	I	S	B	H	J
N	P	C	M	I	K	J	I	I	G	J	B	V	C	T	W	D	F
V	H	V	Q	S	I	E	A	S	E	X	K	X	I	P	B	P	O
B	A	Q	N	D	X	X	I	I	D	H	O	J	M	S	I	M	C
I	L	S	Y	L	W	K	R	K	A	U	S	D	O	E	N	E	D
D	E	U	C	C	W	B	M	A	T	M	A	A	C	H	E	N	U
N	N	P	Q	S	C	J	C	Z	B	S	Y	R	B	O	Y	X	X
N	Q	J	J	N	M	N	F	H	J	M	G	B	N	D	I	W	K

4 Mettez les phrases dans l'ordre correct.

a. fiert / mam Zuch / De Pit / heem

....

b. den Handy / mir / maache / aus / Am Kino

....

c. un / Doheem / mir / Schlappen / doe

....

d. de Bierg / De Cycliste / lues / erop / fiert

....

e. maacht / Dir / un / am Büro / d'Luuchten

....

f. beim Marathon / Vill Leit / mat / maache / vu Lëtzebuerg

....

Les verbes pronominaux

Ce sont les verbes qui se conjuguent avec un pronom réfléchi de la même personne que le sujet. Les pronoms réfléchis sont **mech, dech, sech, eis, iech/Iech, sech**.

Ech wäsche mech = *Je me lave.*
Du wäschs dech = *Tu te laves.*
Hien, si, hatt wäscht sech = *Il/Elle se lave.*
Mir wäschen eis = *Nous nous lavons.*
Dir wäscht iech (**Iech** = forme de politesse) = *Vous vous lavez.*
Si wäsche sech = *Ils/Elles se lavent.*

Exemple : **Ech këmmere mech ëm d'Reservatioun** = *Je m'occupe de la réservation.*
Ech freeë mech op Äre Besuch = *Je me réjouis de votre visite.*

Banque de mots

sech entschëllegen, *s'excuser*
sech erënneren (un), *se souvenir (de)*
sech erhuelen, *se reposer*
sech erkalen, *prendre froid*
sech freeën, *se réjouir*
sech interesséieren (fir), *s'intéresser (à)*
sech iren, *se tromper*
sech kämmen, *se brosser*
sech këmmeren (ëm), *s'occuper (de)*
sech raséieren, *se raser*
sech schminken, *se maquiller*
sech schummen, *avoir honte*
sech sonnen, *bronzer*
sech tommelen, *se dépêcher*
sech wäschen, *se laver*

Attention !

Les verbes pronominaux en luxembourgeois ne le sont pas toujours en français et vice versa.

Exemple : **erwächen**, *se réveiller* ; **opstoen**, *se lever*

Verbes pronominaux à particule séparable

sech areiwen, *mettre de la lotion*
sech aschreiwen, *s'inscrire*
sech aspären, *s'enfermer*
sech ausdoen, *se déshabiller*
sech opreegen, *s'énerver*
sech umellen, *s'enregistrer*
sech undoen, *s'habiller*

5 Complétez par le pronom réfléchi adéquat.

a. Du erkaals ...., wann s du .... net waarm undees. *(Tu prends froid, si tu ne mets pas des habits chauds.)*

b. Erënnert Dir .... nach un Är lescht Vakanz? *(Vous souvenez-vous de vos dernières vacances ?)*

c. Den Alex freet...............immens iwwer seng Gebuertsdagskaddoen. *(Alex se réjouit énormément de ses cadeaux d'anniversaire.)*

d. An der Vakanz erhuelen ech .... ëmmer ganz gutt. *(En vacances, je me repose toujours très bien.)*

e. Fir d'Party këmmere mir .... ëm d'Gedrénks. *(Pour la fête, nous nous occup[er]ons des boissons.)*

f. Ëm wat këmmere si .... ? *(De quoi s'occupe[ro]nt-ils ?)*

6 Traduisez les phrases suivantes.

a. De Bus fiert an 10 Minutten, du muss dech tommelen.

....

b. Vill jonk Leit interesséiere sech fir Computeren.

....

c. Mir entschëllegen eis fir d'Verspéidung.

....

d. Meng Frënn schreiwe sech fir e Lëtzebuergeschcours an.

....

e. Mäi Papp raséiert sech all Dag.

....

7 Combinez les deux parties de phrase.

a. Ech ire ☐
b. Mir doen ☐
c. Meng Kanner freeë ☐
d. Dir konzentréiert ☐
e. Ech interesséiere ☐
f. D'Sophie schummt ☐

1. Iech op Är Aarbecht.
2. sech fir seng schlecht Notten an der Schoul.
3. mech bal ni.
4. sech op d'Vakanz.
5. eis schick u fir op d'Hochzäit.
6. mech fir Literatur a Kino.

8 Complétez par le verbe adéquat et son pronom réfléchi.

a. Mir .... gär un eis Kandheet *(enfance)*.

b. D'Educatricë .... ëm d'Kanner an der Crèche.

c. Fir de Fitnesscours muss du .... relax ....

d. Ech maachen d'Heizung *(le chauffage)* un, ech wëll .... net ....

9 Reformulez les phrases sans utiliser le verbe de modalité.

Ex. : Dir musst IECH AREIWEN, ier Dir an d'Sonn gitt. Dir REIFT IECH AN, ier Dir an d'Sonn gitt. (Vous devez mettre de la crème avant d'aller au soleil. Vous mettez de la crème avant d'aller au soleil.)

a. Dir musst Iech virum 31. Mäerz fir de Cours aschreiwen.

....

b. D'Sarah wëllt sech ëmmer schick undoen.

....

c. D'Leit mussen sech ausdoen, fir an d'Sauna ze goen.

....

d. Mir kënnen eis fir den nächsten Niveau umellen.

....

e. Ech däerf mech net ze vill opreegen.

....

10 Reliez les trois parties de phrase.

a. Mir doen

b. Si schreiwe

c. Den Tourist reift

d. Ech späre

e. Dir dot

f. Mells du

A. sech gutt

B. sech muer

C. eis schick

D. dech och

E. mech

F. iech ëmmer

1. an, fir an de Fitness ze goen.

2. an, fir sech ze sonnen.

3. un, fir op eng Party ze goen.

4. an, fir roueg ze sinn

5. un, fir beim Kachconcours matzemaachen?

6. aus, fir an d'Sauna ze goen.

Bravo, vous êtes venu(e) à bout du chapitre 2 ! Il est maintenant temps de comptabiliser les icônes et de reporter le résultat en page 128 pour l'évaluation finale.

3

Les temps du passé

Les temps du passé à l'indicatif

- Le luxembourgeois dispose de trois temps pour exprimer une action au passé : le passé composé, le prétérit (employé seulement pour une vingtaine de verbes) et le plus-que-parfait. La forme usuelle pour exprimer le passé est le passé composé, formé avec l'auxiliaire *avoir* (**hunn**) ou *être* (**sinn**) au présent et du participe passé du verbe.
- Le plus-que-parfait est formé à partir de l'auxiliaire *avoir* ou *être* à l'imparfait et du participe passé du verbe. Il permet de situer une action dans l'antériorité, c'est-à-dire une action antérieure à une action passée.
- Le prétérit exprime et décrit les faits et actions dans le passé. Il correspond souvent à l'imparfait en français : on l'utilise avec **sinn**, **hunn**, les verbes de modalité (**kënnen**, **sollen**, **däerfen**, **wëllen**), les verbes de position (**sëtzen**, **stoen**, **leien**, **hänken**, **stiechen**), les verbes **wëssen**, **kommen**, **soen**, **froen**, **ginn**, **goen**, **kréien**, **bleiwen** (plus rare).

Exemple : **Gëschter hat ech d'Flemm** = *Hier j'avais la flemme.*
Déi lescht Woch ware mir op enger Party = *La semaine dernière nous étions à une fête.*
Wat wollt dir soen? = *Que vouliez-vous dire ?*
All eis Frënn koumen op d'Iessen = *Tous nos amis vinrent au repas.*

Voir tableau de conjugaison, p. 126.

1 Complétez le tableau au prétérit.

	ech	du	hien/si/hatt	mir	dir/Dir	si
sinn *(être)*	war					
hunn *(avoir)*		has				
kënnen *(pouvoir, savoir [faire])*			konnt			
sëtzen *(être assis)*					souzt	
wëssen *(savoir)*				wousten		
soen *(dire)*						soten
stoen *(être debout)*	stoung					
kommen *(venir)*			koum			
ginn *(donner, devenir)*					gouft	
kréien *(recevoir)*		krus				

2 Mettez les phrases au présent et indiquez de quel verbe il s'agit.

a. D'Wieder war immens schéin.

....

b. Mir souzen de ganze Mëtteg op der Terrass.

....

c. Mir konnten net vill schaffen.

....

e. Den Owend wollte mir eppes drénke goen.

....

f. Mir haten net vill Zäit.

....

g. Meng Schwëster krut e Parfum fir hire Gebuertsdag.

....

3 Conjuguez les verbes au prétérit à la personne indiquée.

a. ech hat
→ hien ....

b. ech wollt
→ mir ....

c. ech goung
→ dir ....

d. ech duerft
→ si (pl.) ....

e. ech houng
→ hatt ....

f. ech sot
→ du ....

g. ech krut
→ si (sg.) ....

Le passé composé

Remarque : Le passé composé a déjà été traité au chapitre 17 du cahier d'exercices débutants.

Le passé composé est formé du présent de **hunn**, *avoir* ou **sinn**, *être* suivi du participe passé du verbe placé en fin de phrase. L'auxiliaire **sinn** est utilisé avec les verbes **sinn**, **ginn**, *devenir*, **bleiwen**, *rester*, et avec les verbes intransitifs qui expriment un changement de lieu ou d'état.

Exemple : **Ech hu Wasser gedronk** = *J'ai bu de l'eau.*
Du bass an d'Vakanz gefuer = *Tu es allé en vacances.*

Remarque : Les particules séparables restent collées au participe passé du verbe.

Exemple : **Ech fueren zréck** = *Je retourne.*
Ech sinn zréckgefuer = *Je suis retourné.*

4 Complétez les phrases avec HUNN et SINN.

a. Ech .... gëschter an de Kino gaangen.

b. Wéi laang..................... Dir an der Reunioun bliwwen?

c. De Film...... pünktlech ugefaangen.

d. Mir .....eis an déi éischt Rei gesat.

e. De Jacques .... mir seng Telefonsnummer ginn.

f. De Jos .... ze spéit erwächt.

g. De Pierre ....gëschter Papp ginn.

5 Complétez le texte avec les participes passés suivants.

geléiert geléiert gesinn GEREEST ugefaangen komm BLIWWEN bestuet gaangen getraff

Mäin Numm ass Jeanne Quintus. Ech sinn 1962 zu Lëtzebuerg gebuer. Ech sinn zu Bouneweg an d'Primärschoul .... (1) an duerno an de Lycée um Lampertsbierg. Mat 19 Joer hunn ech .... (2), a Frankräich Philosophie ze studéieren. Ech si véier Joer do .... (3) No mengem Studium sinn ech ee Joer duerch Südamerika .... (4) Ech hu vill interessant Länner .... (5) a vill interessant Leit a Kulture kenne .... (6) Ech hunn och Spuenesch a Portugisesch .... (7) A Brasilien hunn ech mäi Mann .... (8) Hien ass mat mir an Europa .... (9) Mir hunn eis 1990 .... (10) a wunnen elo zënter 10 Joer erëm zu Lëtzebuerg.

Quelques verbes pronominaux séparables au passé composé

sech areiwen → ech hu mech ageriwwen
sech aschreiwen → ech hu mech ageschriwwen
sech aspären → ech hu mech agespaart
sech ausdoen → ech hu mech ausgedoen
sech opreegen → ech hu mech opgereegt
sech umellen → ech hu mech ugemellt
sech undoen → ech hu mech ugedoen

Banque de mots

Danzcours, *cours de danse*
Hochzäit, *mariage*
iwwert, *au sujet de*
méi fréi, *plutôt*

6 **Traduisez les phrases suivantes en utilisant les verbes séparables et les verbes pronominaux séparables.**

a. Je me suis inscrit à un cours de danse.

....

b. Mon père s'est énervé au sujet de mon accident.

....

c. Paul s'est déshabillé pour aller au sauna.

....

d. Nous nous sommes enfermés dans la voiture.

....

e. Marie s'est habillée de façon élégante pour le mariage.

....

f. Le magasin a fermé plus tôt samedi soir.

....

g. Nous sommes partis trop tard.

....

Hier matin, ce matin, demain matin

On utilise les termes **gëschter**, **haut** et **muer** en combinaison avec **Moien**, **(No)Mëtteg**, **Owend** pour exprimer les différents temps de la journée au passé, présent et futur. Attention à l'emploi de l'article défini dans les expressions (sauf pour **gëschter**).

7 **Reliez chaque expression à sa traduction.**

a. *Haut de Moien* •
b. *Muer de Mëtteg* •
c. *Muer den Owend* •
d. *Gëschter Moien* •
e. *Haut den Owend* •
f. *Gëschter Mëtteg* •

• **1.** *Ce soir*
• **2.** *Demain soir*
• **3.** *Hier à midi*
• **4.** *Demain après-midi*
• **5.** *Ce matin*
• **6.** *Hier matin*

8 **Traduisez les phrases suivantes.**

a. Gëschter Moien ass hie mam Auto an d'Schoul gefuer.

....

b. Haut de Mëtteg hate mir eng Reunioun mam Direkter.

....

c. Hutt Dir gëschter Owend och d'Tëlee gekuckt?

....

d. Haut de Moie sinn ech ze spéit erwächt a sinn dofir ze spéit op d'Aarbecht komm.

....

e. Gëschter Mëtteg hu mir an engem vegetaresche Restaurant giess.

....

Le plus-que-parfait

Le plus-que-parfait sert à exprimer une action antérieure à une autre action passée. Il est formé de l'auxiliaire **hunn**, *avoir* ou **sinn**, *être* à l'imparfait et du participe passé du verbe.

Exemple : **Mir waren an d'Stad gaangen** = *Nous étions allés en ville.*
Mir hate gutt giess = *Nous avions bien mangé.*
Wéi ech meng Dusch geholl hat, sinn ech spadséiere gaangen = *Après avoir pris ma douche, je suis allé me promener.*

9 Transformez les phrases au passé composé au plus-que-parfait.

a. *Mir sinn an der Nuecht an d'Vakanz gefuer.*

....

b. *Mir hu keng Paus gemaach.*

....

c. *Mir sinn um sechs Auer moies ukomm.*

....

d. *Eis Frënn hu schonn de Kaffi preparéiert.*

....

e. *Mir sinn direkt op d'Plage gaangen.*

....

f. *Nomëttes hu mir e bësse geschlof.*

....

g. *Owes si mir doudmidd an d'Bett gefall.*

....

10 Soulignez les parties de phrase qui contiennent un verbe au plus-que-parfait.

a. Mir hate schéint Wieder an der Vakanz.

b. Nodeem mir giess haten, si mir an de Kino gaangen.

c. Wa mir de Film gekuckt hunn, gi mir eraus.

d. Wéi si mam Exercice fäerdeg waren, hu si e Kaffi gedronk.

e. Wéi mir de Kaffi gedronk haten, ware mir net méi midd.

f. Well mir méi laang bliwwe sinn, krute mir nach e Patt.

Bravo, vous êtes venu(e) à bout du chapitre 3 ! Il est maintenant temps de comptabiliser les icônes et de reporter le résultat en page 128 pour l'évaluation finale.

4

Nominatif, accusatif, datif

Expressions avec datif et accusatif

En luxembourgeois, le groupe nominal, les pronoms et les articles se déclinent en cas (nominatif, accusatif et datif) et possèdent trois genres (masculin, féminin et neutre). Le nominatif correspond au sujet et à l'attribut du sujet ; l'accusatif au complément d'objet direct ; le datif au complément d'objet indirect.

Exemple : **Den Auto steet an der Garage** = *La voiture est dans le garage.*
Hie stellt den Auto an d'Garage = *Il met la voiture dans le garage.*
Hie verkeeft dem Noper säin Auto = *Il vend sa voiture au voisin.*

Remarque : Le génitif allemand – correspondant au complément du nom – existe dans quelques expressions :
Enn des Mounts kréien ech d'Äntwert = *À la fin du mois, je reçois la réponse.*
Ufanks der Woch hunn ech ëmmer vill Aarbecht = *Au début de la semaine, j'ai toujours beaucoup de travail.*

Attention : Certains verbes régissent le datif, alors qu'en français ils sont suivis d'un complément d'objet direct.
Exemples : **Ech gratuléieren dir** = *Je te félicite.* **Hien hëlleft mir beim Iwwersetzen** = *Il m'aide à traduire.*

Attention !

froen + Akkusativ → *demander à quelqu'un (COI)*

hëllefen + Dativ → *aider quelqu'un (COD)*

Banque de mots

erzielen, *raconter*
ginn, *donner*
lauschteren, *écouter*
no/lauschteren, *écouter de façon attentive*
schenken, *offrir*
schécken, *envoyer*
soen, *dire*
u/ruffen, *appeler au téléphone*
weisen, *montrer*

1 **Indiquez si les éléments soulignés sont au nominatif (N), à l'accusatif (A) ou au datif (D).**

Exemple : Mir hëllefen dem Schüler bei den Hausaufgaben → N / D / D

a. Muer kucken d'Kanner e flotte Film op der Tëlee. ...... / ..... / .....

b. Firwat weist Dir dem Polizist Är Carte d'identité? ...... / ..... / .....

c. De Bopa erzielt den Enkelkanner eng Geschicht. ...... / ..... / .....

d. D'Kanner lauschteren dem Bopa gutt no. ...... / .....

e. Ech muss haut dem Dokter fir e Rendez-vous uruffen. ...... / .....

Les prépositions

- En luxembourgeois, les prépositions toujours suivies de l'accusatif sont les suivantes : **fir**, *pour*, **duerch**, *à travers*, **ouni**, *sans*, **géint**, *contre*, **ëm**, *autour de*, **bis**, *jusqu'à*, **laanscht**, *en longeant.*

Exemple : **Ech schaffe fir eng amerikanesch Firma** = *Je travaille pour une entreprise américaine.*
Ech stëmme géint dëse Projet = *Je vote contre ce projet.*

- Les prépositions toujours suivies du datif sont les suivantes : **aus**, *en/de, hors de*, **mat**, *avec*, **no**, *après*, **zënter**, *depuis*, **vun**, *de*, **zu**, *à*, **wéinst**, *à cause de*, **bannent**, *à l'intérieur de*, **trotz**, *malgré.*

Exemple : **Ech gi mat mengem Papp de Match kucken** = *Je vais voir le match avec mon père.*
Wéinst dem Stuerm si vill Haiser futti = *En raison de la tempête, beaucoup de maisons sont détruites.*

- Pour les prépositions mixtes, consulter le chapitre 10 de ce cahier d'exercices.

2 Entourez la partie de phrase correcte.

a. Mir engagéieren eis fir eng propper Ëmwelt / fir engem propperen Ëmwelt.

b. D'Clara wunnt zënter ee Joer / zënter engem Joer zu Lëtzebuerg.

c. D'Strooss war wéinst engem Accident / wéinst en Accident gespaart.

d. Trotz d'schlecht Wieder / Trotz dem schlechte Wieder ware vill Leit um OpenAir-Concert.

e. Ech hunn nach näischt vun deem neie Buch / vun dat neit Buch héieren.

f. Dir musst duerch e laangen Tunnel / duerch engem laangen Tunnel fueren.

3 Complétez par HIEN (m.), SI (f. sg.), HATT (n.), SI (pl.) ou HIM (m., n.), HIR (f.), HINNEN (pl.). En cas de besoin, consultez les tableaux des pronoms à la fin du cahier.

a. Mäi Meedchen ass krank. Ech muss mat .... an d'Spidol goen.

b. Mäi Mann ass op Geschäftsrees, haut ginn ech ouni .... an de Kino.

c. D'Schüler hu Problemer mam Exercice, kanns du .... hëllefen?

d. De Proff weess alles. Fro ....!

e. D'Madame Kayser wëllt goen, kanns du .... d'Sortie weisen?

f. Do hannen ass mäi Chef, ech ginn .... Moie soen.

g. D'Sonia huet nach keng Kopie. Hues du nach eng fir .... ?

4 **Reliez chaque phrase avec sa traduction.**

a. Ech soen dir et. •	• **1.** Je te l'offre.
b. Ech weisen dir et. •	• **2.** Je te l'interdis.
c. Ech erzielen dir et. •	• **3.** Je te le dis.
d. Ech léinen dir et. •	• **4.** Je te le montre.
e. Ech schenken dir et. •	• **5.** Je te le prête.
f. Ech verbidden dir et. •	• **6.** Je te le raconte.

- Pour la 3e personne, le luxembourgeois dispose des pronoms personnels suivants :

hien, si, hatt, si (N/A) mais pour les choses on utilise **en, si, et, si**.
D : **him, hir, him, hinnen**, mais pour les choses on utilise **em, et, em, en**.

- **Syntaxe :** Attention à l'ordre des compléments à l'accusatif et au datif, selon qu'il s'agisse de pronoms personnels ou de substantifs.

Ech weisen dem Tourist d'Stad = *Je montre la ville au touriste.*
Ech weisen him d'Stad = *Je lui montre la ville.*
Ech weisen dem Tourist se = *Je la montre au touriste.*
(**Ech weisen se dem Tourist** est aussi correct, mais moins usuel).
Ech weisen him se = *Je la lui montre.*

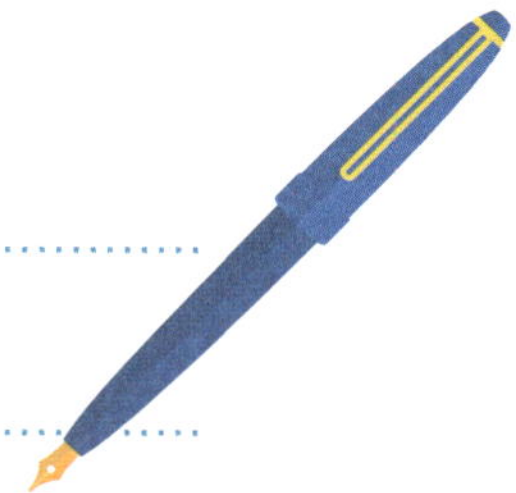

5 Remplacez le complément à l'accusatif par son pronom.

a. Ech diktéieren der Sekretärin de Bréif.

b. De Proff erkläert de Schüler d'Aufgab.

c. Mir erzielen de Kanner d'Geschicht vum Melusina.

d. Meng Eltere schenke mir den Entréesticket fir de Concert.

e. Ech kann iech dat neit Buch léinen.

f. Den Immobilienagent weist de Clienten d'Wunnengen.

6 Remplacez les compléments soulignés par leurs pronoms.

a. Ech hunn dem Pit e Bréif geschéckt.

b. Mir ginn de Serveusen en Drénkgeld.

c. Mäi Papp huet mir seng Auer geschenkt.

d. Mir mussen eise Kanner de Problem erklären.

e. De Garçon recommandéiert de Clienten déi deier Wäiner.

f. Den Dokter huet der Patientin d'Fëmme verbueden.

Tournures impersonnelles au datif

Les tournures de phrases impersonnelles au datif sont très nombreuses. La plus usuelle est **Wéi geet et dir? Wéi geet et lech?** = *Comment vas-tu ? Comment allez-vous ?*

7 Reliez chaque phrase avec sa traduction.

a. Et schmaacht mir.
b. Et gefält mir.
c. Et geet mir gutt.
d. Et ass mir egal.
e. Et ass mir waarm.
f. Et deet mir wéi.
g. Et deet mir gutt.
h. Et ass mir kal.
i. Et deet mir leed.
j. Et ass mir schlecht.

1. J'ai chaud.
2. Cela me fait mal.
3. Cela me plaît.
4. Cela me fait du bien.
5. J'ai froid.
6. Je me sens mal.
7. Je suis désolé.
8. C'est bon. *(en parlant d'un plat)*
9. Je vais bien.
10. Je m'en fiche.

8 Traduisez les phrases suivantes.

a. Et ass hinne waarm.

....

b. Et deet him leed.

....

c. De Wäi schmaacht eis gutt.

....

d. Et ass dem Client egal.

....

e. D'Massage deet eis gutt.

....

f. Haut geet et mir net gutt.

....

Tournures à l'accusatif

Certaines tournures de phrase se construisent avec l'accusatif, comme le verbe **maachen** + adjectif

Exemple : **Dat mécht mech/dech/hien krank / midd** = *Cela me/te/le rend malade/fatigué (= cela me fatigue).*

Banque de mots

frou, *content*
geckeg, *fou*
glécklech, *heureux*
granzeg, *grincheux*
krank, *malade*
midd, *fatigué*
rosen, *fâché*
traureg, *triste*

9 Complétez par l'adjectif adéquat, en utilisant les adjectifs de la banque de mots.

a. Ze vill Aarbecht mécht eis m.............

b. Net genuch Schlof mécht d'Kanner g....................................

c. Dat schlecht Wieder mécht d'Leit k..

d. Déi Situatioun mécht d'Clientë r....................................

e. Dat Päife *(sifflement)* mécht den Hond g....................................

f. De Kaddo mécht mech f....................

g. Deng Reaktioun mécht deng Frëndin t....................................

h. Seng nei Relatioun mécht hie g.........

10 Complétez par le pronom personnel indiqué.

a. Mäi Frënd huet *(1re per. sg., A)* .... an de Kino invitéiert.

b. Ech war scho laang net méi mat *(3e pers. sg. m., D)* .... eraus.

c. Meng Schwëster geet och mat *(1re pers. pl., D)* ....

d. Seng Invitatioun huet *(1re pers. sg., A)* .... an *(3e pers. sg. n., A)* .... immens frou gemaach.

e. Leider hunn ech awer elo e Problem. Et deet *(1re pers. sg., D)* .... immens leed, mee ech muss *(3e pers. pl., A)* .... eleng goe loossen.

f. Mee ech mengen, dat ass *(3e pers. pl., D)* .... egal.

g. Hunn ech *(2e pers. sg., D)* .... dat schonn erzielt?

Bravo, vous êtes venu(e) à bout du chapitre 4 ! Il est maintenant temps de comptabiliser les icônes et de reporter le résultat en page 128 pour l'évaluation finale.

5

Propositions infinitives (fir… ze…, ouni… ze…) / Mots composés

Les propositions infinitives

- En luxembourgeois, le verbe suivant un autre verbe sera toujours à l'infinitif et introduit par **ze** :

Exemple : **Ech hunn decidéiert, mam Auto op Paräis ze fueren** = *J'ai décidé d'aller à Paris en voiture.*

- La conjonction **ze** n'est pas employée après les verbes de modalité et certains verbes comme **bleiwen**, *rester*, **goen**, *aller*, **héieren**, *écouter*, **loossen**, *laisser*, **gesinn**, *voir*.

Exemple : **Kanns du kachen**? = *Sais-tu cuisiner ?*
Ech gesinn d'Kanner spillen = *Je vois les enfants jouer.*
Bleif sëtzen! = *Reste assis !*

- Le luxembourgeois connaît trois structures de phrases infinitives : **fir… ze…** *pour (que)* ; **ouni… ze…**, *sans (que)* ; **amplaz… ze…**, *au lieu de/que.* Pour les verbes séparables, la conjonction **ze** se place entre le préfixe et le verbe.

Exemple : **Ech léieren, fir main Examen ze packen** = *J'étudie pour réussir mon examen.*
Sief roueg, amplaz andauernd ze schwätzen! = *Tais-toi au lieu de parler constamment !*
Mir schaffen, ouni eng Paus ze maachen = *Nous travaillons sans faire de pause.*

- La proposition infinitive est séparée de la proposition principale par une virgule.

1 Ajoutez ZE ou non, selon le cas.

a. Muer den Owend gi mir an d'Piscine .... schwammen.

b. Ech hoffen, dech geschwënn erëm .... gesinn.

c. Kanns du mir däin Auto .... léinen?

d. Ech freeë mech, an d'Vakanz .... fueren.

e. Ech loosse mir meng Hoer ganz kuerz ....schneiden.

f. Mir hunn de Proff net héieren era(n) .... kommen.

Le verbe *brauchen*

Le verbe **brauchen**, *avoir besoin* est suivi d'un verbe à l'infinitif avec **ze**, seulement si la phrase est négative ou restrictive :

Exemple : **Ech brauch haut net ze schaffen** = *Je n'ai pas besoin de travailler aujourd'hui.*
Ech brauch nëmmen eng Stonn ze schaffen = *Je n'ai besoin de travailler qu'une heure.*

2 Déterminez lesquelles de ces phrases sont correctes.

a. Ech brauch sonndes ni ze kachen, mir ginn ëmmer an de Restaurant.

b. Ech mengen, ech brauch nei Summerpneuen.

c. Du brauchs d'Pneuen an der Garage ze kafen.

d. Braucht Dir och eng E-Mail ze schécken?

e. De Jacques brauch keng nei Jackett ze kafen, seng al Jackett ass nach tipptopp.

f. Firwat brauch ech net ze ënnerschreiwen?

Les phrases .... **sont correctes.**

3 Complétez les phrases par FIR… ZE…, OUNI… ZE…, ou AMPLAZ… ZE…

a. Hien ass fortgaangen, ... e Wuert........... soen.

b. .... um Computer .... spillen, solls du an deng Bicher kucken.

c. Dir musst an e Cours goen, ... richteg gutt Lëtzebuergesch ....léieren.

d. Hien huet eng Party organiséiert, ... mech .... invitéieren.

e. .... besser .... ginn, muss du méi trainéieren.

f. Si ass an de Restaurant gaangen, ... selwer .... kachen.

4 Complétez les phrases en traduisant les propositions infinitives.

a. Hien ass aus dem Restaurant gaangen, *(sans payer l'addition)*

....

b. Si ass eleng an d'Spidol gefuer, *(au lieu d'appeler une ambulance)*

....

c. Ech muss an de Laboratoire goen, *(pour faire une analyse de sang)*

....

d. De Pierre geet an d'Bijouterie, *(pour acheter un cadeau à sa femme)*

....

e. Hatt ass un den Dësch gaangen, *(sans se laver les mains)*

....

f. Mir sinn zu Fouss gaangen, *(au lieu de prendre un taxi)*

....

5 Reliez les questions et les réponses.

a. Firwat braucht Dir eng Schéier?

b. Firwat braucht Dir e Messer?

c. Firwat braucht Dir e Bréll?

d. Firwat braucht Dir e Bic?

e. Firwat braucht Dir e Führerschäin?

f. Firwat braucht Dir en Handy?

1. Fir mam Auto ze fueren.
2. Fir d'Zeitung ze liesen.
3. Fir de Kontrakt ze ënnerschreiwen.
4. Fir Messagen ze schécken.
5. Fir Pabeier ze schneiden.
6. Fir Fleesch ze schneiden.

Les infinitifs substantivés

Les infinitifs substantivés sont toujours neutres. En combinaison avec la tournure **iwwert** (ou **iwwer**) **dem**, ils se traduisent par le gérondif « en + participe présent -ant » ou « pendant que… », et expriment deux actions simultanées. Ils permettent ainsi d'alléger la phrase en évitant l'emploi d'une subordonnée.

Exemple : **Ech sangen iwwert dem Duschen** = *Je chante en me douchant / pendant que je me douche.*
Dir däerft iwwert dem Fuere keng Messagë schreiwen = *Vous n'avez pas le droit d'écrire des messages en conduisant / pendant que vous conduisez.*

6 Complétez les phrases suivantes.

a. Ech lauschtere Musek **(joggen)**.

....

b. Ech drénke gär e Glas Wäin **(kachen)**.

....

c. Ech telefonéiere mat mengem Mann **(akafen)**.

....

d. Ech drénke vill Kaffi **(schaffen)**.

....

e. Ech schnaarchen *(ronfler)* net **(schlofen)**.

....

Les mots composés

- L'ordre des mots composés est l'inverse de celui en français.

Exemple : *chaussures pour dames*, **Dammeschong** (déterminé/déterminant)

- Le genre est toujours celui du déterminant.
- Le mode de formation est le suivant : soit un **-s** ou **-en** de liaison s'intercale entre les deux mots, soit il n'y a aucune liaison.

Exemple : **Dammeschong**, *chaussure pour dames*
Bürosdësch, *table de bureau*
Buchsäit, *page de livre*

Remarque : Attention à l'application de la règle du **-n**.

Exemple : **eng Nummerescheif**, *un cadran* (Nummeren-Scheif : littéralement « un disque de nombres »)

7 Complétez les noms composés par l'un des déterminés suivants. Attention aux intrus non composés.

-bett, -zëmmer, -schaf, -regal, -maschinn, -dësch, -stull

a. den Iess ....
b. d'Iess ....
c. d'Schlof ....
d. de Kleeder ....
e. de Canapé ....
f. d'Kanner ....
g. d'Spull ....
h. d'Fotell ....
i. d'Bicher ....
j. d'Wäsch ....
k. de Schreif ....
l. de Büros ....

Banque de mots

Bréif, *lettre*
Glas, *verre*
Haus, *maison*
Këscht, *boîte*
Nummer, *numéro*
Schlëssel, *clé*
Telefon, *téléphone*
Waasser, *eau*
Wäin, *vin*

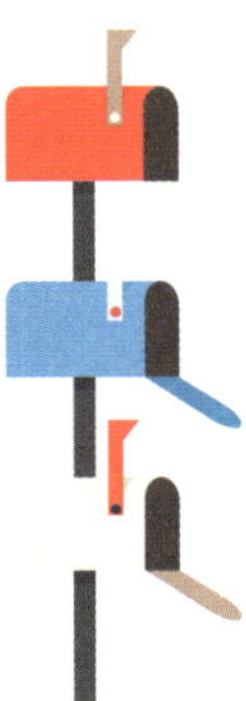

8 Formez les mots composés.

a. verre à vin ....
b. clé de la maison ....
c. numéro de la maison ....
d. boîte à lettres ....
e. numéro de téléphone ....
f. verre à eau ....

9 Retrouvez la traduction des mots suivants dans la grille.

tasse à café

verre à bière

lampe de poche

poubelle (litt. : « boîte à ordures »)

cage d'escalier (litt. : « maison d'escalier »)

lunettes de lecture

fenêtre de cave

cave à vélos

K	W	Z	V	R	O	K	P	Q	V	E	T	Z	L	D	G	Z	I
P	F	G	Ë	R	Y	P	T	G	N	S	V	M	I	L	Q	R	T
J	M	O	L	S	W	Q	G	B	M	I	K	D	E	U	O	P	A
S	S	K	O	R	W	Q	O	G	H	H	E	V	W	M	L	O	P
D	I	U	S	W	U	P	R	E	J	D	L	O	R	R	L	Q	X
V	G	T	K	E	D	C	H	N	W	U	L	G	G	U	Z	T	Q
K	T	W	E	C	G	T	Ä	S	C	H	E	L	U	U	C	H	T
A	M	L	L	A	O	P	P	Q	W	C	R	F	S	P	R	I	T
F	T	Q	L	B	R	S	J	C	L	H	F	Y	L	P	P	K	A
F	R	P	E	L	H	C	M	P	X	H	Ë	W	E	Q	N	C	M
I	W	T	R	I	U	T	M	L	W	N	N	H	Q	T	Q	A	A
S	E	D	E	E	I	U	Q	L	Q	O	S	F	P	M	L	Y	R
T	C	E	F	S	Q	Z	B	A	Z	A	T	M	T	Y	L	U	I
A	U	X	M	B	E	Q	T	B	É	I	E	R	G	L	A	S	C
A	P	Y	L	R	P	P	S	O	P	I	R	J	Z	P	S	V	U
S	B	P	Z	Ë	G	T	R	A	P	E	N	H	A	U	S	B	S
S	E	H	A	L	M	D	R	E	C	K	S	K	Ë	S	C	H	T
F	U	I	R	L	F	P	E	Q	F	A	L	C	G	M	E	I	A

Les mots composés français

- Les mots composés français intégrés dans la langue luxembourgeoise prennent une majuscule au singulier :

Exemple : **Chargé de cours**, *chargé de cours*

- La formation du pluriel est la suivante : trait d'union + terminaison pluriel **-en** au dernier mot.

Exemple : **Chargé-de-coursen**, *des chargés de cours*

- Concernant les mots hybrides, au singulier on a **Rond-point**, *le rond-point* ; **Rond-points-Schëld**, *le panneau de rond-point* ; et au pluriel on a **Rond-points-Schëlter**, *des panneaux de rond-point.*

10 Formez le pluriel des mots composés suivants.

a. d'Carte d'identité ....

b. den Hors-d'œuvre ....

c. de Point de vue..........

d. d'Cité judiciaire..........

e. d'Assistante sociale..........

f. de Coup de tête..........

Bravo, vous êtes venu(e) à bout du chapitre 5 ! Il est maintenant temps de comptabiliser les icônes et de reporter le résultat en page 128 pour l'évaluation finale.

6

Déclinaisons de l'adjectif au nominatif, accusatif et datif / Les adjectifs pour décrire une personne / Les vêtements

La déclinaison des adjectifs au nominatif et à l'accusatif

- En luxembourgeois, les adjectifs peuvent être soit attributs soit épithètes. Ils se déclinent quand, en fonction d'épithète, ils précèdent le substantif. En qualité d'attribut, ils sont placés après le verbe *être* (ou équivalents) et restent invariables.

Exemple : **Mäin T-Shirt ass blo. Mee: Ech hunn e bloe*n* T-Shirt.** = *Mon tee-shirt est bleu.* Mais : *J'ai un tee-shirt bleu.*

- De plus, les déclinaisons sont identiques au nominatif et accusatif, quel que soit l'article (défini, indéfini, démonstratif, possessif, etc.).

m.	**-en**
f.	**ø**
n.	**-t**
pl.	**ø**

1 **Transformez les phrases suivant l'exemple.**

Ex : Säi Pullover ass blo → à Hien huet e bloe Pullover.

a. Säin Auto ass nei.

→ ....

b. Säi Jong ass grouss.

→ ....

c. Seng Jackett ass liicht.

→ ....

d. Seng Kap ass al.

→ ....

e. Säin Hiem ass giel.

→ ....

f. Säi Gesiicht ass ronn.

→ ....

g. Seng Hoer si laang.

→ ....

h. Seng Schong sinn almoudesch.

→ ....

2 Complétez en mettant les terminaisons correctes.

D'Madame Gina Feltes ass Model. Si ass immens schéin.

a. Si huet laang.............., brong........... Hoer a grouss............, gréng.......... Aen.

b. Si huet eng kleng, schmuel..........Nues an e schéin............, voll...................... Mond *(bouche, m.)*.

c. Si huet léif........., kleng..........Oueren an en energesch......... Kënn *(m., menton)*.

d. Si huet ëmmer ganz modern.............. Gezei un.

e. Si huet ni en al...........T-Shirt oder eng almoudesch..............Box un.

f. Si ass räich an huet e wonnerschéin......... Haus.

La déclinaison des adjectifs au datif

m.	**-en**
f.	**-er**
n.	**-en**
pl.	**-en**

3 Complétez en mettant les adjectifs au datif.

a. Mir fuere mat engem................................ *(al)* Bus.

b. Si wunnen an engem ganz............... *(modern)* Haus.

c. Hie wunnt bei enger.......................... *(al)* Frëndin.

d. Mir schwätze mat eisen....... *(nei)* Noperen *(voisins)*.

e. Mir komme vun enger.......................... *(flott)* Party.

f. Ech fanne Männer mat................. *(laang)* Hoer *(pl.)* ganz flott.

Particularités

- Les adjectifs qui se terminent par **-t**, **-f** ou **-ch**, changent la consonne finale en **-w**, **-d** et **-j** devant la voyelle **e** :

rout → e rouden Auto
léif → e léiwen Hond
héich → en héijen Tuerm

- Concernant les adjectifs provenant du français et se terminant par un *e* muet (beige, orange, efficace...) : quand le **-n** disparaît (cf. règle du **-n**), la prononciation de ce *e* muet est accentuée. C'est pourquoi, à l'écrit, le *e* prend un tréma pour marquer cette insistance.

Exemples : m. : **e beigen T-Shirt**
→ e beigë Pullover
f. : **eng beige Jackett**
n. : **e beiget Hiem**
pl. : **beige Schong**

- Redoublement de la voyelle : si une voyelle tonique longue est suivie de deux consonnes, elle est doublée (**al/aalt**).

- Pour exprimer *quelque chose de, rien de,* + adjectif ou *beaucoup de (adjectif) choses*, le luxembourgeois emploie l'adjectif en combinaison avec **eppes**, **näischt**, **vill**, etc. Ce dernier prend dans ce cas une majuscule et a comme terminaison **-es**.

Exemples : **eppes Schéines, näischt Schéines, vill Schéines** = *quelque chose de beau, rien de beau, beaucoup de belles choses.*

4 **Déclinez les adjectifs suivants avec les noms masculins respectivement neutres.**
Exemple : hallef/Dag → en hallwen Dag

masculin

a. gutt/Owend → ....

b. léif/Noper → ....

c. orange/Bic → ....

d. efficace/Plang → ....

e. beige/Mantel → ....

f. héich/Niveau → ....

g. haart/Buedem (*sol*) → ....

h. breet/Wee (*chemin*) → ....

neutre

i. al/Haus → ....

j. kal/Zëmmer → ....

k. schif/Bett → ....

5 Complétez les phrases par un adjectif adéquat.

schéin
nei
deier
waarm
liicht
kleng

a. Mir kafen de Kanner näischt .... , si wuessen *(grandissent)* ze séier.

b. Mäi Schaf *(armoire)* ass eidel *(vide)*, ech brauch eppes .... fir unzedoen!

c. Muer gëtt et waaarm, do musse mir eppes .... undoen.

d. Ech hunn net vill Honger, ech iesse just eppes ....

e. Wann et waarm ass, soll een eppes .... , z.B. Téi, drénken.

f. Schlof gutt an dreem eppes .... !

Les vêtements et les accessoires

Anorak, *anorak*
Blus, *chemisier*
Box, *pantalon*
Ënnerwäsch, *sous-vêtements*
Gezei, *vêtements*
Händsch, *gant*
Hiem, *chemise*
Jackett, *veste*
Jupe, *jupe*
Kap, *casquette*
Kleed, *robe*
Kleeder, *vêtements*
Kostüm, *costume*
Krawatt, *cravate*
Mantel, *manteau*
Mutz, *bonnet*
Paltong, *veston*
Pullover, *pull-over*
Rack, *robe*
Rimm, *ceinture*
Schal, *écharpe*
Stiwwel, *botte*
Strëmp, *chaussette*
Tailleur, *tailleur*

Décrire des vêtements

almoudesch, *vieillot*
elegant, *élégant*
faarweg, *coloré*
flott, *beau*
geblummelecht, *à fleurs*
gesträift, *rayé*
getëppelt, *à pois*
karéiert, *à carreaux*
liicht, *léger*
modern, *moderne*
schick, *chic*
sportlech, *sportif*
unis, *uni*

Décrire une personne

al, *vieux*
déck, *gros*
dënn, *mince*
domm, *bête*
elegant, *élégant*
ellen, *laid, moche*
fläisseg, *appliqué*
gekrauselt, *bouclé*
glat, *lisse*
granzeg, *de mauvaise humeur*
grouss, *grand*
intelligent, *intelligent*
jonk, *jeune*
kleng, *petit*
langweileg, *ennuyeux*
liddereg, *paresseux*
nervös, *nerveux*
onpünktlech, *retardataire*
(on)tolerant, *(in)tolérant*
(on)uerdentlech, *(dés)ordonné*
pünktlech, *ponctuel*
schei, *timide*
schéin, *beau*
schlank, *svelte*
stur, *têtu*
virwëtzeg, *curieux*

6 Cherchez l'intrus.

a. Mutz / Kap / Hutt / Rimm
b. Mantel / Jackett / Hiem / Anorak
c. gesträift / gréng / getëppelt / geblummelecht
d. gro / brong / liicht / giel
e. Box / Jupe / Short / Blus
f. Kostüm / Gilet / Box / Paltong

7 Cherchez la traduction des neuf mots suivants dans la grille.

moche

ennuyeux

beau

ponctuel

petit

de mauvaise humeur

gros

timide

bouclé

K	D	É	C	K	C	U	H	A	Y	Y	G	X	E	R
E	B	P	Ü	N	K	T	L	E	C	H	H	A	Z	T
J	S	C	H	É	I	N	I	F	R	K	K	M	Q	W
S	A	T	Z	P	Y	I	G	U	G	G	V	S	B	S
R	L	R	B	W	B	H	N	M	Z	E	U	C	R	L
P	R	F	D	S	F	N	C	J	W	K	S	H	H	A
S	J	K	H	R	W	V	X	Y	L	R	U	E	Z	N
Y	P	J	D	K	V	K	R	W	C	A	V	I	F	G
X	X	Z	L	L	Q	E	E	P	J	U	E	B	F	W
R	I	D	S	E	M	F	L	F	W	S	H	G	V	E
D	J	R	S	N	E	I	L	V	T	E	F	F	Y	I
P	I	Q	M	G	Y	M	E	S	L	L	G	W	W	L
N	D	S	T	E	N	T	N	J	F	T	U	O	V	E
C	Z	W	Y	M	F	G	R	A	N	Z	E	G	X	G
M	Q	K	S	P	G	M	H	D	K	N	G	F	L	K

8 **Mémorisez les noms de vêtements et des accessoires, puis reliez les illustrations avec le nom correspondant.**

a. Box ☐ **b.** Ënnerwäsch ☐ **c.** Händschen ☐ **d.** Hiem ☐ **e.** Kap ☐ **f.** Mantel ☐

1.
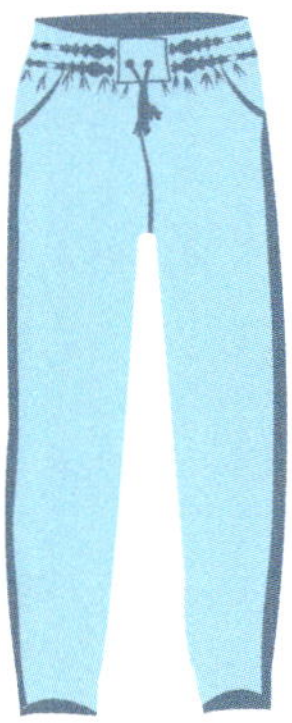

2.
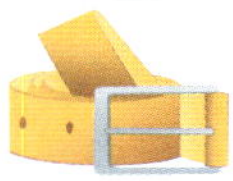

3.

4.

5.
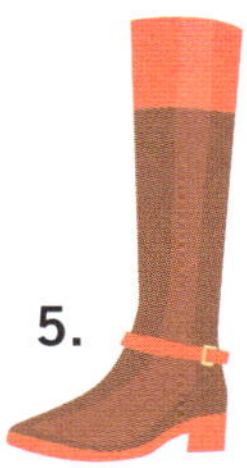

6.

7.

8.

9.

10.

11.

12.

☐ **g.** Mutz ☐ **h.** Rack ☐ **i.** Rimm ☐ **j.** Schal ☐ **k.** Stiwwel ☐ **l.** Strëmp

9 Traduisez le texte suivant.

D'Claudine huet en neie Frënd. Hatt seet:
Claudine a un nouveau petit ami. Elle dit :

a. Hien ass immens flott a léif, hien ass ni granzeg.

....

b. Hien deet sech ëmmer elegant un.

....

c. Hien ass och fläisseg a schafft vill.

....

d. Hien ass e bësse schei, mee immens interessant.

....

e. Hien ass och ëmmer pünktlech, hie kënnt ni ze spéit.

....

f. An hien ass esou intelligent!

....

Mee ech kennen hien.
Mais je le connais.

g. Ech fannen hien ellen a granzeg.

....

h. Seng Kleeder sinn almoudesch.

....

i. Hien ass liddereg a schafft net vill.

....

j. Hien ass langweileg a schwätzt net vill.

....

k. Hie kënnt dacks ze spéit.

....

l. An ech fannen hien e bëssen domm.

....

10 Complétez par les terminaisons adéquates.

a. Mir fuere mat eisem nei.................... Auto an d'Vakanz.

b. Mir hunn e ganz interessant.............. Lëtzebuergeschcours mat enger immens léiw.............................. Proff.

c. Merci fir dee flott .... Owend!

d. Ech wënschen dir alles Gudd .... fir däi Gebuertsdag!

e. Mir mussen eist aal .... Haus verkafen.

f. Hien huet haut e wäiss............. Hiem mat gro............... Sträifen (rayures) un.

Bravo, vous êtes venu(e) à bout du chapitre 6 ! Il est maintenant temps de comptabiliser les icônes et de reporter le résultat en page 128 pour l'évaluation finale.

7

Comparatif et superlatif / Unités de mesure / Météo

Le comparatif

- Pour former le comparatif de supériorité régulier, on emploie la tournure : **méi** (*plus*) ... **wéi** (*que*).

Exemples : **Hien ass méi grouss wéi säi Papp** = *Il est plus grand que son père.*
Et ass haut méi waarm wéi gëschter = *Il fait plus chaud aujourd'hui qu'hier.*

- Certaines formes de comparatif sont irrégulières : **gutt**, *bon* → **besser**, *meilleur*
gär, *volontiers* → **léiwer**, *plutôt, mieux*
vill, *beaucoup* → **méi**, *plus*
wéineg, *peu* → **manner**, *moins*

Exemples : **Hien huet besser Resultater an der Schoul wéi seng Schwëster** = *Il a de meilleurs résultats à l'école que sa sœur.*
Si gi léiwer an d'Schwämm wéi an d'Schoul = *Ils aiment mieux aller à la piscine qu'à l'école.*

- Le comparatif d'égalité établit un rapport d'égalité entre les deux éléments (choses, personnes) comparés grâce à la tournure : **esou** (ou **sou**)**... wéi**.

Exemple : **De Mathieu ass esou grouss wéi säi Papp** = *Mathieu est aussi grand que son père.*

- Le comparatif d'infériorité s'exprime quant à lui par : **net esou ... wéi**.

Exemple : **D'Anna ass net esou begaabt fir d'Musek wéi seng Schwëster** = *Anna n'est pas aussi douée pour la musique que sa sœur.*

1 Complétez par MÉI ... WÉI, ESOU ... WÉI, ou NET ESOU ... WÉI.

a. Paräis ass .... grouss .... Lëtzebuerg.

b. Zitroune sinn .... séiss *(sucré)*........................... Äerdbier *(fraises)*.

c. Frae ginn an der Moyenne...................... al .... Männer.

d. De Paul ass ....al............ säin Zwillingsbrudder Pierre.

e. Esch/Uelzecht ass........................ südlech .... Esch/Sauer.

2 Indiquez si les faits suivants sont vrais (richteg, R) ou faux (falsch, F).

	R	F
a. En Zenner Gromperen ass méi schwéier wéi 50 Kilo Orangen.	☐	☐
b. D'Summervakanz ass méi laang wéi d'Fuesvakanz.	☐	☐
c. An der Stad wunne méi Leit wéi um Land *(à la campagne)*.	☐	☐
d. An de Solde sinn d'Kleeder méi deier wéi normalerweis.	☐	☐
e. Geméis ass sou gesond wéi Uebst.	☐	☐
f. An England reent et net sou dacks wéi a Spuenien.	☐	☐
g. A Finnland wunne manner Auslänner wéi zu Lëtzebuerg.	☐	☐
h. Clierf läit méi nërdlech wéi Veianen.	☐	☐

Le superlatif

- Le superlatif sert à exprimer le degré le plus élevé d'une qualité, par rapport à un ensemble (superlatif relatif) ou dans l'absolu (superlatif absolu).

Formation régulière : **deen, déi, dat, déi** + adjectif + **st(en)**

Exemples : **Dat ass dee schéinsten Auto vu menger Collectioun** = *C'est la plus belle voiture de ma collection.*
deen héchste Bierg, *la montagne la plus élevée* ; **déi breetst Strooss**, *la rue la plus large* ; **dat gréisst Gebai**, *le plus grand bâtiment.*

- Autre forme de superlatif régulier : **am** adjectif + **-sten**, également utilisé comme adverbe.

Exemple : **An deem Geschäft ass d'Fleesch am deiersten** = *Dans ce magasin, la viande est la plus chère.*

- Cette tournure s'accompagne souvent d'un changement de voyelle (**grouss, am gréissten**), comme le montre la liste suivante :

al (*vieux*) **am eelsten**
héich (*haut*) **am héchsten**
laang (*long*) **am längsten**
staark (*fort*) **am stäerksten**
waarm (*chaud*) **am wäermsten**
kal (*froid*) **am keelsten**
jonk (*jeune*) **am jéngsten**
haart (*dur*) **am häertsten**

- Certaines formes de superlatifs sont irrégulières :

gutt (*bon*) → **am beschten**
gär (*volontiers*) → **am léifsten**
vill (*beaucoup*) → **am meeschten**
wéineg (*peu*) → **am mannsten**

3 Cherchez et notez le superlatif correct.

am gréissten · am jéngsten · am stäerksten · am längsten · am beschten · am häertsten · am klengsten · am meeschten · am wäermsten · am keelsten · am eelsten · am mannsten · am héchsten · am léifsten

a. grouss ……………………

b. kleng ……………………

c. al ……………………

d. jonk ……………………

e. héich ……………………

f. waarm ……………………

g. kal ……………………

h. haart ……………………

i. staark ……………………

j. laang ……………………

k. vill ……………………

l. wéineg ……………………

m. gutt ……………………

n. gär ……………………

4 Complétez en utilisant le superlatif.

a. Deen .... (héich) Bierg vun der Welt ass de Mount Everest.

b. Déi ....(grouss) Gemeng vu Lëtzebuerg ass Lëtzebuerg.

c. An der Stad wunnen déi .... (vill) Leit.

d. De Breedewee ass net déi .... (breet) Strooss an der Stad.

e. Wéi heescht dee .... (bekannt) Lëtzebuerger?

f. Vu wou kënnt dee .... (jonk) Premierminister vun Europa?

Questions avec *Wéi?*

- Pour poser une question au sujet d'une caractéristique d'une personne ou d'une chose, on emploie la tournure suivante : **wéi** + adjectif (litt. : « combien + adjectif ») ?

wéi ... grouss (*grand*) / **déif** (*profond*) / **laang** (*long*) / **breet** (*large*) / **séier** (*rapide*) / **al** (*vieux*) / **schwéier** (*lourd*) ?

- La question ne peut être traduite telle quelle et nécessite une reformulation idiomatique.

Exemples : **Wéi al bass du?** = *Quel âge as-tu ?* (litt. « Combien vieux es-tu ? »)
Wéi laang ass däin Auto? = *Quelle est la longueur de ta voiture ?* (litt. « Combien longue est ta voiture ? »)
Wéi déif ass d'Lach? = *Quelle est la profondeur du trou ?* (litt. « Combien profond est le trou ? »).

5 Posez la question qui correspond aux réponses suivantes.

a. De Premierminister huet 40 Joer. ....

b. D'Statue weit 30 Kilo. ....

c. Den TGV fiert mat 300 km/Stonn. ....

d. Den héchste Bierg vu Lëtzebuerg ass 560 m héich. ....

e. Lëtzebuerg huet 2586 Quadratkilometer. ....

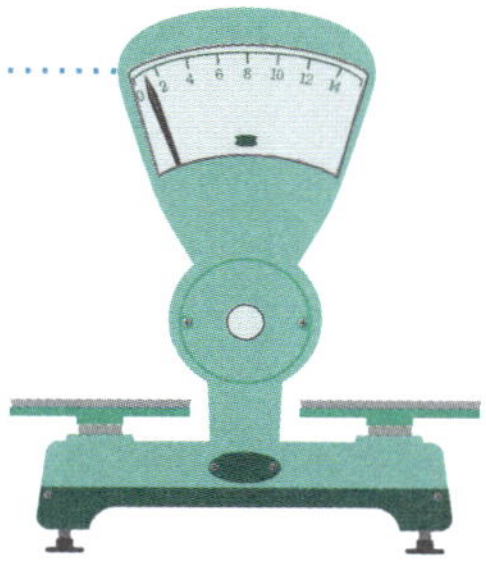

Quelques unités de mesure

Gramm, *gramme*
Kilo(gramm), *kilo(gramme)*
Liter, *litre*
Meter, *mètre*
Mililiter, *millilitre*
Milimeter, *millimètre*
Pond, *livre*
Tonn, *tonne*
Zenner, *quintal*
Zentiliter, *centilitre*
Zentimeter, *centimètre*

6 Reliez un élément de gauche avec un élément de droite.

a. eng hallef Tonn •	• 1. 25 Kilo
b. en halleft Pond •	• 2. 500 Gramm
c. en hallwe Kilo •	• 3. 1 000 Kilo
d. en hallwen Zenner •	• 4. 250 Gramm
e. en Zenner •	• 5. 500 Kilo
f. eng Tonn •	• 6. 50 Kilo

Météo

D'Sonn schéngt = *Le soleil brille*
Et ass äiskal = *Il fait très froid*
Et ass en Donnerwieder = *Il y a de l'orage*
Et ass kal = *Il fait froid*
Et ass lëfteg = *Le temps est venteux*
Et ass Niwwel = *Il y a du brouillard*
Et ass vill Wand = *Il y a beaucoup de vent*
Et ass waarm = *Il fait chaud*
Et blëtzt = *Il y a des éclairs*
Et donnert = *Il tonne*
Et fale Knëppelsteng = *Il grêle*
Et reent = *Il pleut*
Et schneit = *Il neige*
Et ass / Et sinn … Grad (iwwer/ënner Null) = *Il fait … degrés (au-dessus / en dessous de 0)*
Wéi ass d'Wieder? = *Quel temps fait-il ?*
Wéi gëtt d'Wieder? = *Quel temps fera-t-il ?*

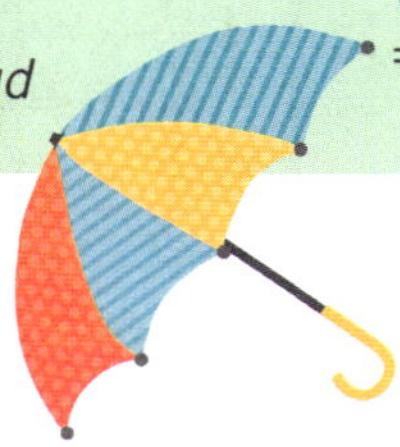

Les saisons

d'Fréijoer, *le printemps*
de Summer, *l'été*
den Hierscht, *l'automne*
de Wanter, *l'hiver*

7 Combinez les illustrations avec l'expression correcte.

1. 
2. 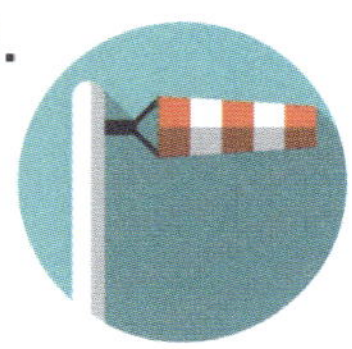
3. 
4. 

a. ET REENT ☐

b. ET SCHNEIT ☐

c. ET ASS LËFTEG ☐

d. ET BLËTZT ☐

e. ET FALE KNËPPELSTENG ☐

f. ET SINN 10 GRAD ËNNER NULL ☐

g. ET ASS IMMENS WAARM ☐

h. D'SONN SCHÉNGT ☐

5. 
6. 
7. 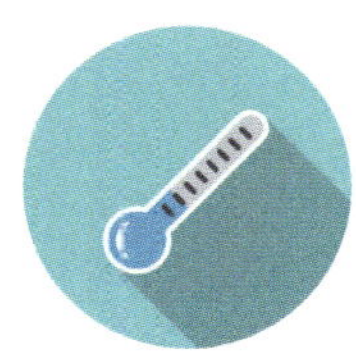
8. 

Un peu de géographie et de culture…

Avec une superficie de 2 586 km^2, le Grand-Duché de Luxembourg compte parmi les plus petits pays d'Europe, bien qu'il en soit un des membres fondateurs. Situé au cœur de l'Europe occidentale, avec des pays voisins tels que la France, l'Allemagne et la Belgique, le Luxembourg est composé de deux régions naturelles : l'Oesling au nord, et le Gutland (vallée de la Moselle à l'est et bassin minier de la Minette au sud), au sud et au centre du pays.

Depuis mars 2018, le Grand-Duché de Luxembourg a une population totale dépassant de peu les 600 000 habitants, ce qui se rapproche des prévisions, émises au début des années 2000, de 700 000 habitants, voire un million à l'orée des années 2050. Fondée en 963, la capitale, Luxembourg-ville, est constituée de nombreux sites historiques au nombre desquels figure notamment l'ancienne forteresse de Luxembourg, recensée au patrimoine mondial de l'UNESCO. À cela s'ajoute que le Luxembourg, tourné vers la modernité et vers l'Europe, accueille plusieurs institutions de l'Union européenne.

La variété des paysages constitue par ailleurs un des traits distinctifs du Luxembourg, qui comprend au nord une région boisée attirant de nombreux touristes, par exemple dans les Ardennes luxembourgeoises, qui se caractérisent par ses hauts plateaux et ses vallées encaissées. Le sud, appelé « les Terres rouges » en raison de la terre rouge extraite du minerai, dispose d'un riche patrimoine industriel et architectural. De plus, le Mullerthal, aussi appelé « la Petite Suisse luxembourgeoise » et constitué de rochers aux formes surprenantes, offre le cadre idéal pour des randonnées pédestres.

Parmi les nombreuses fêtes et animations folkloriques du grand-duché, on distingue notamment la procession dansante d'Echternach (qui a lieu en mai ou juin).

La procession dansante d'Echternach s'inscrit dans une tradition religieuse fort ancienne. Unique procession dansante en Europe, elle est connue bien au-delà des frontières du Luxembourg. La procession, qui a lieu le mardi après la Pentecôte, est une curiosité de renommée internationale. Depuis le 16 novembre 2010, cette tradition est inscrite sur la liste représentative du patrimoine culturel immatériel de l'UNESCO.

Une autre fête importante est *Schueberfouer* (qui se déroule en août et septembre). Fondée en 1340, la *Schueberfouer* est la plus grande fête foraine du Luxembourg et de la Grande Région. Elle accueille chaque année de fin août à début septembre plus de 2 millions de visiteurs sur les 4 hectares du champ du Glacis, où les métiers forains se déploient sur près de 3,5 km. Un mélange unique en Europe de 200 attractions, dont 25 grands métiers et manèges à sensations.

Banque de mots

ëstlesch, *oriental, à l'est*
nërdlech, *au/vers le nord*
Norden, *nord*
Osten, *est*
Süden, *sud*
südlech, *au/vers le sud*
Westen, *ouest*
westlech, *occidental, à l'ouest*

Source : www.visitluxembourg.com

Que peut-on visiter au Luxembourg ?

« Vestiges du Moyen Âge, les nombreux châteaux et fortifications du Luxembourg démontrent la puissance des seigneurs d'autrefois. À côté des grands châteaux restaurés (Vianden, Beaufort, Bourscheid, Bourglinster ou Clervaux), l'on découvre une multitude de ruines de châteaux majestueuses dévoilant leurs mythes et légendes des siècles passés. D'ailleurs, les fêtes médiévales, expositions et concerts luxembourgeois sont autant d'occasions de découvrir les châteaux du pays dans un cadre parfaitement authentique. Les amateurs de balades suivront le sentier national de la vallée des sept châteaux à travers l'idyllique vallée de l'Eisch. On y découvre sept magnifiques châteaux dans une région paisible aux paysages époustouflants ».

À cela s'ajoute le fait que l'industrie sidérurgique du Luxembourg a été pendant longtemps la première source d'emploi et de richesse du pays, jusqu'à représenter 45 % du PIB national. Le dernier haut-fourneau, à Esch-Belval, a cependant fermé en 1997. Le nouveau campus de la faculté des lettres, des sciences humaines, des arts et des sciences de l'éducation est intégré dans la Cité des sciences de Belval, précisément sur l'ancien site sidérurgique du sud du Luxembourg.

8 **Complétez le texte.**

a. Clierf ass eng Stad am .... vu Lëtzebuerg.

b. All Joer ass op Päischtdënschdeg d' .... zu Iechternach.

c. Op ville Plaze ginn et S .... a B................................., zum Beispill zu Esch/Sauer oder zu Useldeng.

d. De Süde vu Lëtzebuerg heescht och nach M.................................., do ass elo de gréissten Uniscampus, um B..

e. D'Regioun am Norden heescht ....

Plus ... plus / de plus en plus / de moins en moins

- En luxembourgeois, on traduit la tournure « *plus ... plus* » par « **wat méi** (« combien plus ») **... wat méi** (« combien plus ») ».

Exemple : **Wat hie méi grouss gëtt, wat hie méi schéi gëtt** = *Plus il grandit, plus il est beau.*

- Pour traduire *de plus en plus*, on emploie la structure **ëmmer méi**.

Exemple : **Hie gëtt mat der Zäit ëmmer méi schéin** = *Il devient, avec le temps, de plus en plus beau.*

- Enfin, pour traduire *de moins en moins*, on emploie **ëmmer manner**.

Exemple : **Ëmmer manner Leit ginn an d'Bibliothéiken** = *De moins en moins de gens vont dans les bibliothèques.*

9 **Traduisez les phrases suivantes.**

a. Wat ee méi al ass, wat ee méi gescheit ass.

b. Wat ee méi schafft, wat ee méi midd gëtt.

c. Wat s du méi Leit invitéiers, wat s du méi kache muss.

d. Wat ech méi iessen, wat ech méi déck ginn.

e. Ëmmer méi Leit si Vegetarier.

f. Ëmmer manner Kanner maache Sport.

g. Am Fréijoer ass et scho waarm.

h. Am Summer schéngt d'Sonn dacks.

i. Am Hierscht reent et méi oft.

j. Am Wanter schneit et heiansdo.

10 Traduisez les phrases suivantes.

a. De moins en moins de gens achètent des journaux.

....

....

b. Le vendredi, les magasins sont ouverts plus longtemps que normalement.

....

....

c. Plus tu étudies, meilleurs seront tes résultats.

....

....

d. Comment s'appelle le fleuve *(de Floss)* le plus long du Luxembourg ?

....

....

e. À quelle vitesse roule le TGV ?

....

....

f. Quel exercice trouves-tu le plus amusant *(witzeg)* ?

....

....

Bravo, vous êtes venu(e) à bout du chapitre 7 ! Il est maintenant temps de comptabiliser les icônes et de reporter le résultat en page 128 pour l'évaluation finale.

8

Conditionnel présent (expressions de la politesse)

Le conditionnel présent

Certains verbes ont une forme spécifique au conditionnel. Ce sont les auxiliaires **sinn** (*être*), **hunn** (*avoir*), les verbes de modalité **kënnen** (*pouvoir*), **sollen** (*devoir*), **däerfen** (*avoir le droit*), **mussen** (*devoir*), ainsi que quelques autres verbes : **kommen** (*venir*), **goen** (*aller*), **ginn** (*donner*), **leien** (*être couché*), **stoen** (*être debout*), **hänken** (*être suspendu*), **sëtzen** (*être assis*), **wëssen** (*savoir*), **brauchen** (*avoir besoin*), **ginn** (*devenir*), **kréien** (*recevoir*).

Exemples : **Wann et méiglech wier, géing ech mir eng Villa kafen** = *Si cela était possible, je m'achèterais une villa.*
Ech hätt eng Leisung fir däi Problem = *J'aurais une solution à ton problème.*
Ech kéim gär bei dech heem = *Je viendrais volontiers chez toi (à la maison).*

- **Remarque :** Voir la conjugaison de ces verbes en page 126.

Le conditionnel *(suite)*

Le conditionnel présent est formé par le conditionnel présent des verbes **ginn (ech géif)** ou **goen (ech géing) + infinitif** du verbe à employer au conditionnel. Il s'agit de deux variantes équivalentes.
Exemples : **Ech géif / géing an de Kino goen** = *J'irais au cinéma.*
De Pierre géif / géing e Rendez-vous fir 16 Auer huelen = *Pierre prendrait un rendez-vous pour 16 heures.*

1 Indiquez l'infinitif des verbes en gras.

a. Ech **wéisst** (..) gär, wéini dat neit Harry Potter-Buch erauskënnt.

b. **Géift** (..) Dir mir w.e.g. och nach 6 Tranchen Ham schneiden?

c. Ech **hätt** (..) gär e Pond Brout geschnidden, wann ech gelift.

d. Ech **bräicht** (..) eng Taille méi kleng, de 40 ass mir ze grouss.

e. Ech **hätt** (..) gär 21 rout Rousen.

f. Et **wär** (..) fir en neie Sonnebrëll, ech hu mäi verluer.

g. Ech **sollt** (..) vun lech nach de Supplement vum *Monde* kréien.

h. **Kéint** (..) ech och déi lénks Sandal umoossen?

Exprimer un souhait

- On utilise la formule **Ech hätt gär** + nom.

Exemple : **Ech hätt gär e Computer fir mäi Gebuertsdag** = *Je voudrais un ordinateur pour mon anniversaire.*

- On utilise la formule **Ech géing gär** + verbe

Exemple : **Ech géing gär e Krimi kucke goen** = *Je voudrais aller voir un film policier.*

- On peut aussi utiliser un autre verbe au conditionnel + **gär**, ce qui correspond à la tournure « *j'aimerais* + nom / verbe à l'infinitif ».

Exemple : **Ech séiz gär nieft dem Olga** = *J'aimerais être assis à côté d'Olga.*

2 **Remplacez ECH WËLL par ECH HÄTT GÄR ou ECH GÉIF (GÉING) GÄR en conservant le bon sujet.**

a. Mir wëllen d'Kanner an der Crèche umellen.

....

b. Si wëllen eng léif Educatrice.

....

c. Wëlls du och mat an den neie Kleederbuttek goen?

....

d. De Jacques wëllt en anere Stonneplang *(horaire).*

....

e. D'Cliente wëllt en anere Modell.

....

f. De Client wëllt de Kontrakt direkt ënnerschreiwen.

....

Emploi du conditionnel présent

- Le conditionnel sert à exprimer la politesse ou la demande polie, atténuée.

Exemple : **Kéint Dir wann ech gelift d'Fënster zoumaachen?** = *Pourriez-vous s'il vous plaît fermer la fenêtre ?*

- Le conditionnel sert également à exprimer une condition irréelle.

Exemple : **Wann ech räich wier, hätt ech eng schéi Villa** = *Si j'étais riche, j'aurais une belle villa.*

- Il s'utilise enfin pour rapporter les paroles ou les pensées de quelqu'un sans relier les propositions par une conjonction de subordination.

Exemple : **Meng Mamm seet, si léich net gutt an hirem neie Bett** = *Ma mère dit qu'elle n'est pas bien allongée dans son nouveau lit.*

3 **Transformez les ordres en questions polies en suivant l'exemple (en utilisant le verbe KËNNEN au conditionnel).**

Exemple : Bezuelt an der Keess! → Kéint Dir an der Keess bezuelen?

a. Maacht d'Fënster op. → ……………………………………………

b. Gitt mer Ären Dossier. → ……………………………………………

c. Maacht d'Dier zou. → ……………………………………………

d. Kommt mat an d'Keess. → ……………………………………………

e. Weist mir en anere Modell. → ……………………………………………

f. Ënnerschreift hei ënnen um Dokument. → ……………………………………………

g. Erklaërt mir dat nach eng Kéier. → ……………………………………………

4 **Transformez les phrases suivantes en utilisant le conditionnel présent.**

a. Ech brauch eng nei Carte d'identité.

……………………………………………

b. Kanns du nach Brout kafe goen?

……………………………………………

c. Ass dat alles?

……………………………………………

d. Ech hunn nach eng Fro.

……………………………………………

e. Ech weess gär, wou de Bicherbuttek ass.

……………………………………………

f. Ech sëtzen am léifsten an der leschter Rei.

……………………………………………

g. Ech si frou, wann Dir komme kënnt.

……………………………………………

Les magasins

Bäckerei, *boulangerie*
Bicherbuttek, *librairie*
Blummebuttek, *fleuriste*
Brëllebuttek, *opticien*
Kleederbuttek, *magasin de vêtements*
Metzlerei, *boucherie*
Schongbuttek, *magasin de chaussures*
Zeitungsbuttek, *maison de la presse*

5 Où entendez-vous les phrases suivantes ? Reliez chaque phrase à un lieu.

a. Ech wéisst gär, wéini dat neit Harry Potter-Buch erauskënnt. •

b. Géift Dir mir w.e.g. och nach 6 Tranchen Ham schneiden? •

c. Ech hätt gär e Pond Brout geschnidden, wann ech gelift. •

d. Ech bräicht eng Taille méi kleng, de 40 ass mir ze grouss. •

e. Ech hätt gär 21 rout Rousen. •

f. Et wär fir en neie Sonnebrëll, ech hu mäi verluer. •

g. Ech sollt vun Iech nach de Supplement vum Monde kréien. •

h. Kéint ech och déi lénks Sandal umoossen? •

• **1.** an der Bäckerei

• **2.** an der Metzlerei

• **3.** am Schongbuttek

• **4.** am Blummebuttek

• **5.** am Kleederbuttek

• **6.** am Brëllebuttek

• **7.** am Bicherbuttek

• **8.** am Zeitungsbuttek

6 Traduisez les phrases suivantes.

a. Kéint Dir d'Ried *(le discours)* vum President iwwersetzen?

b. Géift Dir gär en Tour duerch Lëtzebuerg maachen?

c. Ech bräicht nach Är Kontosnummer.

d. Mir hätten nach e puer Froen iwwert den neie Plang.

e. Wann hie wéisst!

f. Ech wier frou, wa meng Schüler den Exame packe géifen.

7 Complétez le tableau.

	kënnen	wëllen	brauchen	kommen	ginn	goen
ech	kéint	....	....	....	....	....
du	....	....	bräichs	....	....	....
hien/si/hatt	....	....	....	....	....	géing
mir	....	wéilten	....	....	....	....
dir/Dir	....	....	....	kéimt	....	....
si	....	....	....	....	géifen	....

8 Cochez le pronom personnel adéquat, puis indiquez sous chaque forme verbale son infinitif.

	ech	du	hien / si / hatt	mir	dir / Dir	si *(pl.)*
a. kéint kënnen	X		X		X	
b. wéisst						
c. bräichs						
d. wéilten						
e. géing						
f. dierften						
g. misst						

9 Combinez les phrases avec leur traduction.

a. Kéint Dir mir hëllefen? ☐

b. Dierft ech Iech eppes froen? ☐

c. Ech wéisst gär, wou dat ass. ☐

d. Ech bräicht nach eng Ënnerschrëft. ☐

e. Géift Dir d'Petitioun och ënnerschreiwen? ☐

f. Dir misst nach e Formulaire ausfëllen. ☐

g. Ech wéilt, ech hätt méi Zäit. ☐

1. Est-ce que vous signeriez aussi la pétition ?
2. J'aimerais bien savoir où cela se trouve.
3. J'aurais encore besoin d'une signature.
4. Je voudrais avoir plus de temps.
5. Pourrais-je vous demander quelque chose ?
6. Pourriez-vous m'aider ?
7. Vous avez encore besoin de remplir un formulaire.

10 Complétez par les verbes au conditionnel présent.

a. .... **(kënnen)** mir nach eng Fläsch Wäi kréien?

b. Dat .... **(däerfen)** kee Problem sinn.

c. .... Dir der Madame d'Dier **(ophalen)**?

d. De Client .... **(wëssen)** gär, ob seng Commande ukomm ass.

e. .... **(brauchen)** du net nach en neie Pass?

f. Ech .... **(mussen)** mol e Rendez-vous beim Dokter huelen.

g. Ech .... **(sinn)** frou, wa mäi Meedche säin Diplom .... **(hunn)**.

Bravo, vous êtes venu(e) à bout du chapitre 8 ! Il est maintenant temps de comptabiliser les icônes et de reporter le résultat en page 128 pour l'évaluation finale.

9

Verbes de position et de déplacement / Particules de « mouvement » / Repères en ville / Meubles et pièces dans la maison / Adverbes de position

Verbes de position

- Les verbes de position **stoen** (*être debout*), **leien** (*être couché*), **hänken** (*être suspendu*), **sëtzen** (*être assis*), **stiechen** (*se trouver dans*) ont un prétérit et un conditionnel présent.

Prétérit

stoen : **ech stoung**, *j'étais debout*
leien : **ech louch**, *j'étais couché*
hänken : **et houng**, *cela était suspendu*
sëtzen : **ech souz**, *j'étais assis*
stiechen : **ech stouch**, *je me trouvais dans*

Conditionnel :

stoen : **ech stéing**, *je serais debout*
leien : **ech léich**, *je serais couché*
hänken : **et héing**, *cela serait suspendu*
sëtzen : **ech séiz**, *je serais assis*
stiechen : **ech stéich**, *je me serais trouvé dans*

- Les verbes de déplacement usuels en luxembourgeois sont les suivants : **stellen**, *placer, poser* ; **leeën**, *poser* ; **hänken**, *accrocher* ; **(sech) setzen**, *(s')asseoir* ; **stiechen**, *glisser dans*.

- Les questions que l'on pose sont : **wou?** (*où ?* = question sur la localisation) ; **wuer?** (*où ? dans quelle direction ?* = question sur la direction).

Exemples : **Wou wunnt Dir?** = *Où habitez-vous ?*
Wuer gees du? = *Où (dans quelle direction) vas-tu ?*

Rappel : Les prépositions mixtes (datif et accusatif) seront traitées au chapitre 10.

1 Soulignez le verbe qui convient.

a. D'Fotell **steet / stellt** bei der Fënster.

b. Mir **stinn / stellen** de Canapé widdert *(contre)* d'Mauer.

c. Mir mussen nach en Teppech op de Buedem **leien / leeën**.

d. De Jos **läit / leet** bis 10 Auer am Bett.

e. Mir **stinn / stellen** am Stau *(bouchon)*.

2 Complétez le tableau.

	ech	du	hien/si/hatt	mir	dir/Dir	si *(pl.)*
leien	*leien*	....	....	....	....	....
stoen	....	*stees*	....	....	....	....
sëtzen	....	....	....	....	*sëtzt*	....

3 Quels sont le prétérit et le conditionnel présent des verbes de position à la 1re personne du singulier ?

Prétérit	**Conditionnel présent**
Ech	Ech ....
Ech	Ech ....
Ech	Ech ....
Ech	Ech ....
Ech	Ech ....

4 **Complétez les phrases par le verbe adéquat.**

a. Mir stellen d'Bicher an d'Regal. Elo .... d'Bicher am Regal.

b. Dir leet den Teppech op de Buedem. Elo .... den Teppech um Buedem.

c. Hatt hänkt d'Bild un d'Mauer. Elo .... d'Bild un der Mauer.

d. Hie stécht de Portefeuille an d'Täsch. Elo .... de Portefeuille an der Täsch.

e. Mir setzen d'Kand op de Stull. Elo .... d'Kand um Stull.

Particules de mouvement

- Les particules de mouvement (**erop** = *du bas vers le haut* / **erof** = *du haut vers le bas* / **eran** = *vers l'intérieur* / **eraus** = *vers l'extérieur*) peuvent être combinées avec les verbes de mouvement **goen** (*aller*), **fueren** (*conduire, rouler*), **lafen** (*courir*), **klammen** (*grimper*), **sprangen** (*sauter*), etc. Elles modifient ainsi le sens du verbe simple (*descendre, monter, sortir, entrer*, etc.).

Exemples : **Gitt eran !** = *Allez à l'intérieur, entrez !* **Ech kommen erof** = *Je descends.* **Si leeft eran** = *Elle court à l'intérieur / Elle entre en courant.* **Ech fueren aus dem Parking vun engem Akafszenter eraus** = *Je sors du parking du centre commercial.*

- Pour traduire le verbe *traverser*, le luxembourgeois utilise le verbe **goen + duerch** ou **iwwer** = *passer à travers / de l'autre côté.*

Exemples : **D'Sara geet iwwert d'Strooss** = *Sara traverse la route.* **Mir ginn iwwert d'Rout Bréck** = *Nous passons (par) le Pont Rouge.* **Mir fueren duerch den Tunnel** = *Nous traversons le tunnel.*

5 Reliez les phrases avec leur traduction correcte.

a. Mir ginn iwwert d'Strooss. •	• **1.** Entrez, la porte est ouverte.
b. Dir gitt d'Trapen erof. •	• **2.** Nous traversons la rue.
c. Wou klammt Dir eraus? •	• **3.** Où descendez-vous ?
d. Gitt zu Fouss duerch de Park. •	• **4.** Traversez le parc à pied.
e. Kommt eran, d'Dier ass op. •	• **5.** Ils sortent doucement.
f. Si gi lues eraus. •	• **6.** Vous descendez les escaliers.

6 Complétez par la particule adéquate.

EROP, EROF, ERAUS, ERAN.

a. Ech sinn hei uewen, komm ....

b. Et ass kal heibaussen; komm, mir ginn ....

c. Ech sinn um 4. Stack; wann et schellt *(ça sonne)*, muss ech séier........ goen.

d. D'Kanner spillen dobannen; komm, mir ginn och ....

e. Den nächsten Busarrêt ass eisen, do musse mir .... klammen.

f. Klamm séier .... , däin Zuch fiert an zwou Minutten.

Adverbes de position

En luxembourgeois, les adverbes de position sont les suivants : **uewen** (*en haut*), **ënnen** (*en bas*), **baussen** (*à l'extérieur*), **bannen** (*à l'intérieur*), **hannen** (*derrière*), **vir** (*devant*). Ils sont souvent combinés avec les adverbes **hei** (*ici*) et **do** (*là*), suivant la position du locuteur.

Exemples : **Wou ass d'Toilett? Dobannen, am grousse giele Gebai** = *Où se trouvent les toilettes ? (Là-bas) à l'intérieur, dans le grand bâtiment jaune.*
Wou ass de Marc? Hien ass heibaussen, hie schwätzt mat engem Kolleeg = *Où est Marc ? Il est (ici) à l'extérieur, il parle avec un ami.*

Banque de mots

fäerten, *avoir peur*
geféierlech, *dangereux*
kill, *frais*
Tuerm, *tour*

7 Complétez par l'adverbe adéquat.

uewen, ënnen, bannen, baussen, hannen, vir.

a. Eist Haus huet dräi Stäck, mäi Büro ass .... um 3. Stack an d'Partyzëmmer ass .... am Keller.

b. Wann et ze waarm ass, sëtzen ech léiwer do .... an der killer Stuff.

c. Ech fäerten, fir .... um Tuerm ze stoen.

d. Am Kino sëtzen ech am léifste ...., an der zweeter oder drëtter Rei.

e. Solle mir do .... op der Terrass iessen, oder mengs du, et gëtt Reen?

f. Et ass besser, d'Kanner sëtzen .... am Auto, dat ass manner geféierlech.

Repères en ville

Bréck, *pont*
Busarrêt ou bien **Bushaltestell**, *arrêt de bus*
ënnerierdesche Parking, *parking souterrain*
Kräizung, *carrefour*
Park, *parc*
Parkhaus, *parking à plusieurs étages*
Parking, *parking*
Plaz, *place*
Rond-point, *rond-point*
rout Luucht, *feux de signalisation*
Sakgaass, *impasse*
Sens unique, *sens unique*
Strooss, *route*
Trottoir, *trottoir*
Tunnel, *tunnel*
Wee, *chemin*
Zebrasträifen, *passage pour piétons*
bei, *près, chez*
duerch, *à travers*
hannert, *derrière*
iwwert, *à travers*
laanscht, *le long de*
niewent, *à côté de*
virun, *devant*
vis-à-vis vun, *en face de*
(no) lénks, (no) riets, *(à) gauche), (à) droite*
riichtaus, *tout droit*

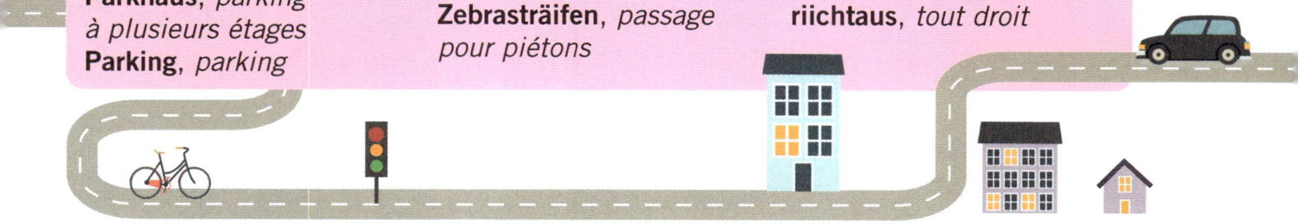

8 Remettez les lettres dans l'ordre pour trouver la traduction des mots suivants.

a. **zungKräi**
→ ....

b. **ckréB**
→ ....

c. **Pkaushar**
→ ....

d. **Sagaakss**
→ ....

e. **chtariius**
→ ....

f. **kslén**
→ ....

g. **tsier**
→ ....

h. **Prak**
→ ....

i. **schtlaan**
→ ....

9 Combinez correctement les questions et les réponses.

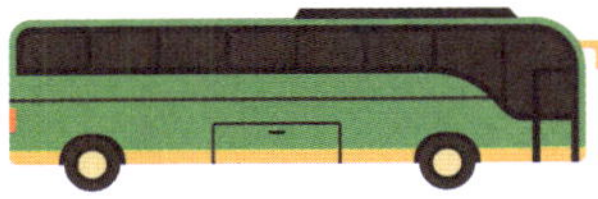

a. Wou ass déi noost *(le plus proche)* Bushaltestell fir bei d'Piscine? ☐

b. Wéi kommen ech am séiersten an d'Stad? ☐

c. Wou ass den Educatiounsministère? ☐

d. Wou ass de Büro vum Här Direkter? ☐

e. Wou waart *(attend)* den Här Polfer op mech? ☐

f. Wéini ass den Depart? ☐

1. Hien ass a sengem Büro. Gitt roueg eran.

2. Gitt riichtaus an dann déi zweet Strooss no lénks.

3. Klammt eran, de Bus fiert elo direkt.

4. Gitt duerch de Park, dat dauert just 10 Minutten.

5. Klammt um Arrêt "Badanstalt" eraus.

6. Gitt erop op den éischte Stack, dann déi drëtt Dier riets.

La maison

Buedem, *sol*
Buedzëmmer, *salle de bains*
Büro, *bureau*
Fënster, *fenêtre*
Gank, *couloir*
Iesszëmmer, *salle à manger*
Kannerzëmmer, *chambre d'enfants*
Keller, *cave*
Kichen, *cuisine*
Mauer, *mur*
Plafong, *plafond*
Schlofzëmmer, *chambre à coucher*
Späicher, *grenier*
Stack, *étage*
Stuff, *salon, salle de séjour*
Toilett, *toilettes*

10 Trouvez dans la grille les dix mots dont vous pouvez lire une définition ci-dessous.

a. Do schlofe mir. ....

b. Do kache mir. ....

c. Do huele mir eng Dusch. ....

d. Do schlofen a spillen déi Kleng.

....

e. Do iesse mir.

....

f. Do steet dacks d'Wäschmaschinn an de Wäin. ....

g. Do leien eis al Saachen.

....

h. Do kucke mir d'Tëlee.

....

i. Do kucke mir eraus oder eran.

....

j. Do hänke mir Biller *(tableaux)* op.

....

k. Mir wunnen um 1., 2. oder 3.

....

l. Vun do aus kënnt een an d'Zëmmeren.

....

L	J	W	I	E	S	S	Z	Ë	M	M	E	R	H	U
O	G	N	S	B	Z	M	O	C	S	L	E	I	G	K
R	B	D	S	T	A	C	K	I	A	B	G	Q	S	G
G	O	M	I	Y	Y	F	C	A	L	E	I	S	C	C
S	W	G	V	L	V	S	T	U	F	F	P	P	H	L
N	D	Z	K	I	C	H	E	N	W	Z	B	Ä	L	E
K	A	N	N	E	R	Z	Ë	M	M	E	R	I	O	D
O	U	N	J	A	L	E	Y	J	F	D	L	C	F	A
O	B	I	W	N	K	Y	B	H	G	Y	X	H	Z	J
S	M	F	Ë	N	S	T	E	R	F	R	I	E	Ë	U
K	C	K	E	L	L	E	R	F	H	B	X	R	M	E
J	Q	R	B	U	E	D	Z	Ë	M	M	E	R	M	L
G	X	D	E	L	O	Q	G	O	Q	W	B	T	E	N
M	A	U	E	R	U	H	F	Q	B	I	C	F	R	X
N	J	G	A	N	K	T	B	S	L	T	C	D	M	C

Accepter ou refuser une invitation

- **Une invitation peut être formulée en ces termes**

Mir invitéieren Iech häerzlech op eis Generalversammlung = *Nous vous invitons cordialement à notre assemblée générale.*
Du bass ganz häerzlech op mäi Gebuertsdag invitéiert = *Tu es très cordialement invité à mon anniversaire.*
Den Här an d'Madame Miller invitéieren Iech op hir Gaardeparty = *Monsieur et Madame Miller vous invitent à leur garden-party.*

- **Comment accepter cette invitation ?**

Villmools Merci fir d'Invitatioun, ech komme gär = *Merci beaucoup de votre invitation, je viendrai volontiers.*
Merci, ech freeë mech. a sinn natierlech gär dobäi = *Merci, je me réjouis, et je viendrai naturellement.*

- **Comment refuser cette invitation ?**

Et deet mer leed, mee ech kann net kommen = *Je suis désolé, mais je ne peux pas venir.*
Leider kann ech Är Invitatioun net unhuelen = *Malheureusement, je ne peux pas accepter votre invitation.*
Merci fir d'Invitatioun, mee schued, ech hunn do schonn eppes vir = *Merci de votre invitation, c'est dommage, mais j'ai déjà quelque chose de prévu.*

II Dans les phrases suivantes, cochez s'il s'agit d'une acceptation ou d'un refus d'une invitation.

	accepter	refuser
a. *Mir komme gär, Merci fir d'Invitatioun.*	☐	☐
b. *Eist Meedchen ass krank, mir kënne leider net kommen.*	☐	☐
c. *Mir freeën eis, Äert neit Haus ze gesinn.*	☐	☐
d. *Villmools Merci, dat gëtt bestëmmt super.*	☐	☐
e. *Et deet mer schrecklech leed, mee ech sinn dee Weekend net do.*	☐	☐
f. *Leider kann ech deng Invitatioun net unhuelen, ech muss deen Dag schaffen.*	☐	☐

Bravo, vous êtes venu(e) à bout du chapitre 9 ! Il est maintenant temps de comptabiliser les icônes et de reporter le résultat en page 128 pour l'évaluation finale.

10

Prépositions (de lieu) mixtes / Aménagement des pièces dans la maison

Les prépositions mixtes

- Les prépositions mixtes peuvent être utilisées comme prépositions de lieu.

En luxembourgeois, il existe onze prépositions appelées « mixtes » : **an** (*en, dans*), **op** (*sur*), **bei** (*près de, chez, à*), **un** (*à*), **widdert** (*contre*), **niewent** (*à côté de*), **tëschent** (*entre*), **virun** (*devant*), **hannert** (*derrière*), **iwwert** (*au-dessus*), **ënnert** (*sous*).

- Si l'on veut exprimer un mouvement (pour répondre à la question **Wuer?** (*vers où ?* qui donne une direction), la préposition est, dans ce cas, suivie de l'accusatif.

Exemples : **Ech ginn an d'Stad** = *Je vais en ville.*
Ech fuere bei de Coiffer = *Je vais chez le coiffeur.*

- Si l'on veut exprimer une position (pour répondre à la question **Wou?** *Où ?* qui donne une localisation), la préposition est, dans ce cas, suivie du datif.

Exemples : **Ech wunnen an der Stad** = *J'habite en ville.*
Ech schaffe beim Coiffer = *Je travaille chez le coiffeur.*

- Il est donc important de bien faire cette distinction entre mouvement et position afin de ne pas commettre d'erreur dans le choix et l'emploi du cas.
- **Rappel :** La préposition **ronderëm** (*autour*) est toujours suivie de l'accusatif.

Les meubles et les appareils ménagers

Bett, *lit*
Bild, *tableau*
Canapé, *canapé*
Dësch, *table*
Eck, *coin*
Fotell, *fauteuil*
Frigo, *frigidaire*
Iessdësch, *table à manger*
Kleederschaf, *armoire à vêtements, garde-robe*
Kommoud, *commode*
Luucht, *lampe*
Mantelbriet, *portemanteau*
Nuetsdësch, *table de nuit*
Regal, *étagère*
Schaf, *armoire*
Spigel, *miroir*
Spullmaschinn, *lave-vaisselle*
Steeluucht, *lampadaire*
Stull, *chaise*
Teppech, *tapis*
Wäschmaschinn, *machine à laver*
Toilett, *toilettes*

CHAPITRE 10 : PRÉPOSITIONS (DE LIEU) MIXTES / AMÉNAGEMENT DES PIÈCES DANS LA MAISON

1 **Nommez les meubles ou les appareils que l'on peut trouver dans les différentes pièces avec l'aide des initiales.**

a. an der Kichen:

Sp.......................

F.........................

I ....

St ....

b. an der Stuff:

C.........................

D ....

F.........................

R ....

c. am Schlofzëmmer:

B ....

Ko.......................

Kl ....

N ....

2 **Indiquez s'il s'agit d'un verbe de déplacement ou non, et traduisez-le.** • •

	oui	non	Traduction
a. stellen			....
b. lafen			....
c. schaffen			....
d. waarden			....
e. leien			....
f. stoen			....
g. setzen			....
h. wunnen			....
i. sëtzen			....
j. hänken			....
k. leeën			....

3 **Posez la question (avec WOU? ou WUER?) qui correspond à la réponse.** • •

a. Den Auto steet an der Garage. → ....

b. De Jacques sëtzt niewent dem Claire. → ....

c. Ech leeë meng Schlësselen op den Dësch. → ....

d. D'Anna hänkt säi Mantel un d'Mantelbriet. → ....

e. Mäi Bett steet tëschent der Mauer an der Fënster. → ....

f. Ech fuere mam Zuch op Paräis. → ....

g. D'Kanner musse virun der Dier waarden. → ....

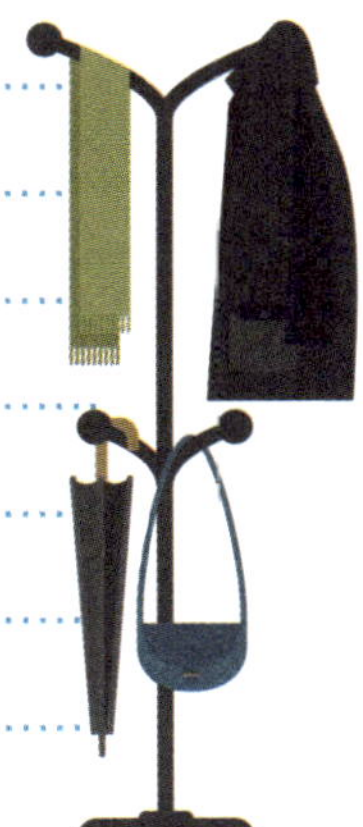

4 Soulignez le complément prépositionnel correct.

a. D'Paula stellt d'Telleren op den Dësch / um Dësch.

b. De Jang hänkt de ganzen Dag un den Telefon / um Telefon.

c. De Julien steet gär virun de Spigel / virum Spigel.

d. Ech stelle mäi Bett an den Eck / am Eck.

e. Firwat lees du deng Schlësselen net op d'Kommoud / op der Kommoud?

f. Ech sëtzen net gär niewent d'Direktesch / niewent der Direktesch.

g. Komm, mir réckelen *(déplaçons)* de Canapé widdert d'Mauer/ widdert der Mauer.

5 Traduisez les phrases suivantes.

a. D'Marie leet den Teppech ënnert den Dësch.

....

b. De Maxime hänkt d'Regal tëschent zwou Dieren.

....

c. Den Antoine hänkt de Poster un d'Mauer.

....

d. De Louis stellt de Canapé an den Eck.

....

e. D'Monique stellt d'Steeluucht niewent d'Fënster.

....

f. De Luc hänkt de Lüster iwwert den Iessdësch.

....

g. De Serge stellt d'Planz hannert d'Fotell.

....

h. Mir stellen d'Tëlee virun de Canapé.

....

6 Complétez les phrases en indiquant le « résultat » de l'action.

Exemple : Ech hänken d'Bild un d'Mauer, elo hänkt d'Bild un der Mauer.

a. Ech stellen de Canapé an den Eck, elo *steet*

b. Ech leeën den Teppech ënnert den Dësch, elo *läit*

c. Ech setzen d'Kand op de Stull, elo *sëtzt*

d. Ech leeën de Schlëssel op d'Kommoud, elo

e. Ech stellen den Auto an d'Garage, elo

f. Ech hänken de Mantel un d'Mantelbriet, elo

g. Ech stellen d'Kommoud tëschent d'Fënsteren, elo

7 Traduisez les phrases suivantes en utilisant la traduction adéquate pour les verbes POSER ou METTRE.

a. *Posez le canapé dans le coin.*

b. *Mettez le lampadaire à côté de la petite table.*

c. *Posez la commode entre les deux fauteuils antiques.*

d. *Mettez la grande plante derrière la télé.*

e. *Posez l'étagère contre le mur, à côté de la télé.*

f. *Mettez les chaises ici autour de la table.*

g. *Accrochez le tableau là-bas au mur, au-dessus de la commode.*

h. *Posez le grand tapis devant la fenêtre.*

8 **Déclinez les groupes nominaux entre parenthèses à l'accusatif ou au datif.**

a. D'Isabelle wunnt niewent *(e klenge Bësch)* ....

b. Hatt ass Architektin a schafft an *(e grousst Gebai)* ....
an *(d'Stad)* ....
niewent *(eng grouss Plaz)* ....

c. Hatt fiert all Dag mam Vëlo op *(seng Aarbecht)* ....

d. Niewent *(d'Gebai)* .... ass eng kleng Bäckerei.

e. Hatt geet all Dag an *(déi Bäckerei)* ....e Kaffiskichelche kafen.

f. Hatt schafft op *(de sechste Stack)* ....

g. An *(säi Büro)* .... huet hatt e groussen Dësch, dee virun *(d'Fënster)* .... steet.

h. Hatt huet eng immens schéi Vue op *(e klenge Park)* ....

i. An der Mëttespaus geet hatt heiansdo an *(dee Park)*.......................spadséieren.

9 **Complétez par le mot qui convient.**

a. Eng .... ass méi kleng wéi e Canapé.

b. Am .... schléift een.

c. D'.................................... huet vill Tirangen *(tiroirs)*.

d. Am .... bleiwen d'Saache kal.

e. Meng Bicher stinn all an engem grousse ....

f. Fir sech ze kämmen, kuckt hatt sech am ....

g. Eng .... steet um Buedem oder um Dësch an hänkt net um Plafong.

h. Gutt, dass mir eng ....hunn, da brauche mer d'Telleren net op der Hand ze wäschen.

i. Nieft mengem Bett um .... steet mäi Wecker.

Regal
Spigel
Steeluucht
Frigo
Bett
Spullmaschinn
Fotell
Nuetsdësch
Kommoud

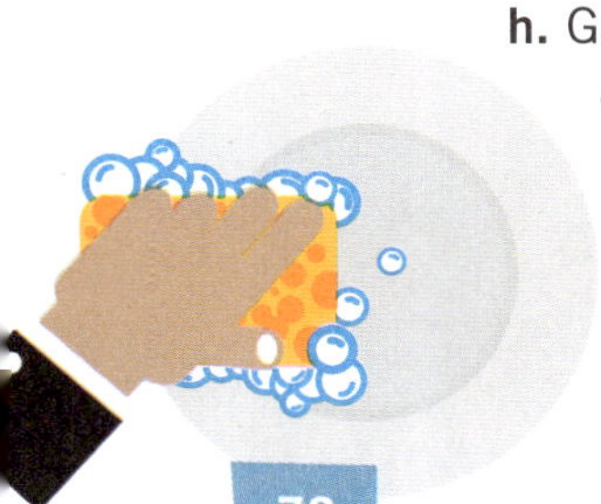

10 **Remettez les lettres dans l'ordre pour trouver la traduction des mots suivants.**

	MOT DANS L'ORDRE	TRADUCTION
a. dliB	....	....
b. schledëss	....	....
c. Kschaferleed	....	....
d. elantbriMet	....	....
e. pechTep	....	....
f. ckE	....	....
g. Waschinnmäsch	....	....

Bravo, vous êtes venu(e) à bout du chapitre 10 ! Il est maintenant temps de comptabiliser les icônes et de reporter le résultat en page 128 pour l'évaluation finale.

11

Les pronoms relatifs / Les subordonnées relatives / Les pronoms démonstratifs

Le pronom relatif

- Le pronom relatif sert à relier un nom ou un pronom à une proposition qui explique ou qui détermine ce nom ou ce pronom.

Exemple : **E Coiffer ass een, deen Hoer schneit** = *Un coiffeur est quelqu'un qui coupe les cheveux.*

- **Remarque :** En luxembourgeois, le verbe de la proposition relative est situé à la fin de la proposition, et la proposition relative est séparée de la principale par une virgule.

- Le pronom relatif s'accorde en genre et en nombre avec son antécédent ; le cas auquel il se met correspond à la fonction dans la relative.

- **Remarque :** Dans la subordonnée, on place un **s** devant le pronom **du** (*tu*) :

Exemple : **De Mann, deen s du kenns** = *L'homme que tu connais.*

	nominatif	accusatif	datif
m.	deen	deen	deem
f.	déi	déi	där
n.	dat	dat	deem
Pl.	déi	déi	deenen

Quelques professions

Bauer, *paysan*
Dolmetscher, *interprète*
Handwierk, *artisan*
Hiewann, *sage-femme*
Immobilienagent, *agent immobilier*
Léiermeedchen, *apprentie*
Schrëftsteller, *écrivain*
Schrëftstellerin, *écrivaine*

1 Reliez une proposition de gauche avec une proposition de droite pour former des définitions.

1. Eng Hiewann ass eng,
2. E Bauer ass een,
3. E Léiermeedchen ass eent,
4. En Immobilienagent ass een,
5. Eng Schrëftstellerin ass eng,
6. En Dolmetscher ass een,

a. dee Wunnenge verkeeft oder verlount.
b. déi Bicher schreift.
c. déi hëlleft, Kanner op d'Welt ze setzen.
d. dee simultan iwwersetzt.
e. deen um Feld schafft.
f. dat en Handwierksberuff léiert.

2 Soulignez la partie de phrase correcte.

a. **Den nächsten Auto**
1. dat mir kafen,
2. dee kafe mir,
3. dee mir kafen,

ass elektresch.

b. **Mir fueren an der Vakanz op eng Plaz,**
1. déi mir kenne gutt.
2. dat mir gutt kennen.
3. déi mir gutt kennen.

c. **Ass hei dat neit Buch,**
1. mat deem mir elo schaffen?
2. mat dat mir elo schaffen?
3. mat deem schaffe mir elo?

d. **Wou kréien ech déi Formulairen,**
1. déi ech fir de Prêt ausfëlle muss?
2. deenen ech fir de Prêt ausfëlle muss?
3. där ech fir de Prêt ausfëlle muss?

e. **Wéi hesschen déi Leit,**
1. déi s du 'Moien' gesot hues?
2. mat deenen s du 'Moien' gesot hues?
3. deenen s du 'Moien' gesot hues?

f. **Vill Leit,**
1. dat ech kennen,
2. déi ech kennen,
3. deenen ech kennen,

wunnen net gär an der Stad.

3 Mettez le pronom relatif au nominatif ou à l'accusatif dans les propositions relatives.

a. De Rack, ... d'Jenny op der Hochzäit unhat, war zimlech almoudesch.

b. Kenns du déi Fra, ... dem Pierre ëmmer Messagë schéckt?

c. Déi Leit, ... bei mir am Zuch souzen, kommen aus Finnland.

d. De Jacques wëllt sech en Haus kafen, ... matten an der Stad läit.

e. New York ass eng Stad, ... Dag an Nuecht lieft.

f. Ech fannen dat Hiem, ... s du dir zu Berlin kaaft hues, immens flott.

g. De Vëlo, ... de Mike bei engem Concours gewonnen huet, ass ganz wäertvoll (*précieux*).

4 Mettez le pronom relatif au datif dans les propositions relatives.

a. Dee Mann, mat .... d'Carole do schwätzt, ass mäi Spueneschproff.

b. Wou ass déi Foto, op .... ech sou komesch kucken?

c. Vill Schüler, ... ech d'Grammaire erklären, versti se net.

d. Wéi heescht déi Cliente, ... mir eng Facture schécke mussen?

e. Den Hotel, an .... mir gewunnt hunn, läit direkt op der Plage.

f. Wéi fënns du dat Theaterstéck, mat.................. den Jude Law elo op Tournée ass?

g. Déi Madame, ... ech mäin Auto verkaaft hunn, hat elo en Accident.

5 **Transformez les phrases suivant l'exemple.** Exemple : Kenns du dee Mann? Hie steet an der Receptioun. → Kenns du dee Mann, deen an der Receptioun steet?

a. Gesitt Dir déi Fra? Si schwätzt mat mengem Noper.

→ ....

b. Kaaft Dir deen Auto? En ass an der Reklamm.

→ ....

c. Reservéiert Dir dat Zëmmer? Et ass fir dräi Persounen.

→ ....

d. Kucks du gär déi Filmer? Si si roueg an ouni Action.

→ ....

e. Schafft Dir mat deem Mann? Hie schwätzt sechs Sproochen.

→ ....

f. Wunns du an deem Haus? Et huet e schéine Gaart.

→ ....

Les pronoms relatifs impersonnels *wou, wuer, wat, wien, wiem*

- On emploie les pronoms impersonnels **wou/wuer** (*où*) si l'antécédent est un nom géographique ou un lieu en général.
- On emploie **wat** après **eppes** (*quelque chose*), **alles** (*tout*), **näischt** (*rien*), **villes** (*beaucoup*), ou un superlatif (sans nom).
- On emploie **wien/wiem** et **wat** quand les personnes ou les choses sont indéterminées.

6 Combinez les parties de phrase.

a. Mir hu laang zu Paräis gewunnt, ☐
b. Wéi heescht de Restaurant, ☐
c. D'Gare ass e Quartier, ☐
d. Wou ass déi Uni, ☐
e. D'Toskana ass déi Regioun, ☐
f. Dat ass déi Firma, ☐

1. wou s du studéiert hues?
2. wuer ech am léifsten an d'Vakanz fueren.
3. wou mir gëschter zu Owend giess hunn?
4. wuer ech gär schaffe ginn.
5. wou och eise Jong gebuer ass.
6. wou vill lass ass.

7 Complétez par WIEN, WIEM, WAT ou un pronom relatif.

a. Et gëtt villes, ... ech net verstinn.
b. Dat ass dee schéinste Kaddo, ... ech jee kritt hunn.
c. .... dat gemaach huet, soll sech schummen *(doit avoir honte)*.
d. Deng Äntwert ass dat Blöödst, ... ech jee héieren hunn.
e. .... dat net passt *(+datif)*, dee soll doheem bleiwen.
f. Et gëtt näischt, ... et net gëtt.
g. .... ze vill fëmmt, kritt Problemer mat der Gesondheet.
h. Dat war dat bescht Buch, ... ech zënter laangem gelies hunn.

8 Traduisez.

a. Dat ass alles, wat si hunn.

b. Si hunn näischt, wat mir gefält.

c. Gëtt et eppes, wat s du brauchs?

d. Et gëtt villes, wat d'Leit net gesinn.

e. Wie schéi wëll sinn, muss leiden.

f. Dat ass dat Bescht, wat lech ka geschéien.

Les pronoms démonstratifs

En luxembourgeois, les pronoms démonstratifs sont : **deen**, **déi**, **dat**, **déi**. Ces formes sont identiques à celles des pronoms relatifs (dans toutes ses formes : genres et cas).

Exemple : **Schmaach mol dee Wäin. Deen hunn ech beim Italiener kaaft** = *Goûte ce vin ! Je l'ai acheté* (litt. : celui-là je l'ai acheté) *chez l'Italien.*

9 Complétez avec le pronom démonstratif qui convient.

a. Muer gi mir deen neie Film vum Woody Allen kucken. .... wollt ech scho laang gesinn.

b. Hues du de Rolling Stones hiert neit Lidd schonn héieren? .... ass sou cool!

c. Firwat dees du net deng blo Jupe un? .... geet dir sou gutt!

d. Hues du erëm dee roude Wäin aus Australien kaaft? .... hunn ech guer net gär.

e. Wou si meng schwaarz Schong? .... ware gëschter nach am Schaf.

f. Wien ass deen Här do hannen nieft der Direktesch? .... kennen ech net.

g. Kuck emol dat neit Kachbuch vum Anne. .... ass esou flott illustréiert.

10 Traduisez.

a. *Hei ass mäin neie Pullover. Deen ass gutt waarm.*

....

b. *Wou ass Äre Chef? Deem soen ech meng Meenung!*

....

c. *Ech ruffen dem Pit un. Dee ka mir vläicht hëllefen.*

....

d. *Wou sinn Är Pabeieren? Déi musst Dir ëmmer am Auto hunn.*

....

e. *Hutt Dir dat Haus gesinn? Dat géif ech gär kafen.*

....

Bravo, vous êtes venu(e) à bout du chapitre 11 ! Il est maintenant temps de comptabiliser les icônes et de reporter le résultat en page 128 pour l'évaluation finale.

12

La possession

Les adjectifs ou les articles et pronoms possessifs

Retrouvez les tableaux de déclinaison en page 126.

Banque de mots

Brudder, *frère*
Cousine, *cousine*
Cousin/Koseng, *cousin*
Duechter, *fille*
Eedem, *beau-fils*
Jong, *garçon, fils*
Monni, *oncle*
Neveu, *neveu*
Niess, *nièce*
Schnauer, *belle-fille*
Schwéiermamm, *belle-mère*
Schwéierpapp, *beau-père*
Schwéiesch, *belle-sœur*
Schwëster, *sœur*
Schwoer, *beau-frère*
Tatta, *tante*

Les pronoms possessifs

- Contrairement aux pronoms possessifs, les adjectifs possessifs complètent le nom auquel ils se rapportent.

Exemples : **Mäin Haus ass grouss** = *Ma maison est grande* ; **däin Haus ass schéin** = *ta maison est belle* ; **säin Haus ass deier** = *sa maison est chère.*

- Les pronoms possessifs sont identiques aux adjectifs possessifs, à l'exception de certaines formes au neutre.

Exemple : **Ass dat mäi Buch? Nee, dat ass mäint** = *Est-ce mon livre ? Non, c'est le mien.*

- On obtient ainsi les combinaisons suivantes :

Mäin (adjectif possessif) → mäint (pronom possessif)
Däin (adjectif possessif) → däint (pronom possessif)
Säin (adjectif possessif) → säint (pronom possessif)

1 **Quels vêtements ou accessoires se cachent derrière ces lettres ? Notez-les avec leur forme au pluriel. Attention : pensez à mettre une majuscule en début de mot.**
Exemple : oxb → Box, Boxen

a. CKRA → ....
b. MIRM → ....
c. ONGSCH → ....
d. TELNAM → ....
e. UPJE → ....
f. LEKED → ....
g. MEIH → ....
h. DSCHHÄN → ....
i. ROKANA → ....
j. TZUM → ....

2 Complétez le tableau par le pendant masculin ou féminin.

masculin	féminin
Eedem	a. ....
Brudder	b. ....
c.	Tatta
d.	Duechter
Schwoer	e. ....
Neveu	f. ....
g.	Cousine
h.	Schwéiermamm

3 Complétez par les pronoms possessifs.

a. Ech kucken dem Pierre seng Fotoen, an de Pierre kuckt .... *(les miennes)*.

b. Dat ass dem Carlo säi Mantel, mee wou ass dem Carole.................................... *(le sien)* ?

c. D'Famill Weber huet hir Formulairë scho kritt; wat mengs du, wéini kréie mir .... *(les nôtres)* ?

d. Mäi Meedchen ass an der Crèche ugemellt, meng Frëndin muss .... *(la sienne)* nach umellen.

e. Ech krut mäi Certificat gëschter; hues du .... *(le tien)* scho kritt?

4 Traduisez.

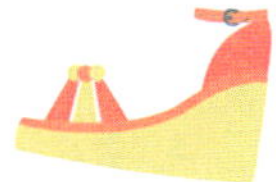

a. Ech muss mir nei Schong kafen, meng sinn al a futti.

b. Kanns du mir deng Mutz léinen? Ech hu meng vergiess.

c. De Claude fënnt seng Händschen net: Sinn dat do deng oder seng?

d. Hei sinn är Hiemer, eis sinn nach an der Wäsch.

e. Wéi fënns du säi Kleed? Ech fanne mäint ze schick.

f. Weis mir mol däi Rimm; mäin ass och aus Lieder.

Le « double possessif »

- En luxembourgeois, une manière d'exprimer la possession consiste à employer ce qu'on pourrait appeler le « double possessif », qui est une forme de corrélation dans laquelle le pronom/adjectif possessif est annoncé par le possesseur au datif. L'accord se fait en genre et en nombre avec le nom auquel il se rapporte.
- Cette forme est plus usuelle que celle qui ressemble à la structure française : *Le père de Pit*, **De Papp vum Pit**.

Exemples : **Dem Pit säi Papp ass Proff**, littéralement *À Pit son père (donc : le père de Pit) est prof.*

Dem (datif masculin pour Pit) säi(n) : possesseur masculin (Pit) / nom masculin (Proff).

Der Madame Scholtes hiert Meedchen ass krank, litt. *À Mme Scholtes sa fille (donc : la fille de Mme Scholtes) est malade.*

Der (datif féminin pour Mme Scholtes) hiert : possesseur féminin (Mme Scholtes) / nom neutre (Meedchen).

Mengem Brudder seng Fra heescht Isabelle, litt. *À mon frère sa femme (donc : la femme de mon frère) s'appelle Isabelle.*

Mengem (datif masculin de mäin pour Brudder) seng : possesseur masculin (Brudder) / nom féminin (Fra).

5 Soulignez la partie de phrase correcte.

a. **Dem Här Schmit seng Fra / Dem Här Schmit hir Fra / Der Här Schmit seng Fra** ass Doktesch.

b. **Menger Cousine säin Hond / Menger Cousine hiren Hond / Menger Cousine hir Hond** heescht Couscous.

c. Wou schafft **dengem Noper säi Fra / dengem Noper seng Fra / dengem Noper hir Fra?**

d. **Dem Claudine seng Elteren / Dem Claudine hir Elteren / Der Claudine seng Elteren** hunn en neit Haus kaaft.

e. Kenns du **dem Alex säin Nopesch / dem Alex hir Nopesch / dem Alex seng Nopesch?**

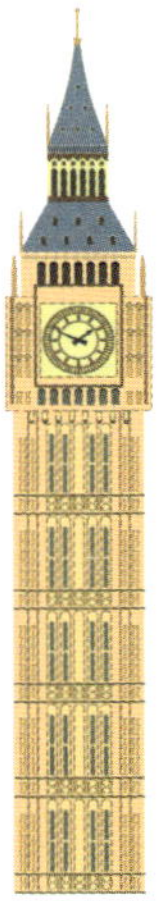

6 Complétez par SÄIN / SENG ou HIREN / HIR / HIERT.

a. Der Madame Jonas .... Meedchen huet 15 Joer.

b. Mir verkafen eisen Elteren .... Haus.

c. Dem Michel .... Fra huet eng Aarbecht zu London fonnt.

d. Dem Här Kohn ....Brudder ass an Australien geplënnert.

e. Dem Här an der Madame Ewen .... Kanner studéieren zu Paräis.

f. Menger Doktesch.................... Duechter studéiert och Medezin.

g. Menger Mamm .... Coiffer geet a Pensioun.

7 Traduisez.

a. La fille d'Emma s'appelle Clémence.

....

b. Comment trouves-tu la robe de Madame Schneider ?

....

c. Les parents de Monsieur Worré habitent en ville.

....

d. Les chaussures de Maxime sont toutes neuves.

....

e. Où travaille le neveu de Madame Sauber ?

....

f. Connaissez-vous le frère de Marie ?

....

8 Trouvez les membres de famille.

Exemple : Mengem Papp säi Papp ass mäi Grousspapp.

a. Menger Mamm hir Schwëster ass

....

....

b. Mengem Monni säi Jong ass

....

....

c. Menger Schwëster hire Mann ass

....

....

d. Mengem Mann seng Mamm ass

....

....

e. Mengem Meedche säi Mann ass

....

....

f. Mengem Cousin seng Mamm ass

....

....

9 Définissez les membres de famille suivant l'exemple (et l'exercice 8).

Exemple : Däin Neveu ass (Tatta/Jong)
→ Däin Neveu ass denger Tatta hire Jong.

a. Meng Cousine ass **(Monni/Meedchen)**

→ ....

....

b. Säi Monni ass **(Papp/Brudder)**

→ ....

....

c. Eis Urgroussmamm ass **(Mamm/ Groussmamm)**

→ ....

....

d. Är Schnauer ass **(Jong/Fra)**

→ ....

....

e. Hire Schwéierpapp ass **(Mann/Papp)**

→ ....

....

La tournure « ne … que »

En luxembourgeois, il existe deux manières différentes de traduire la tournure « ne … que » : **eréischt** ou **nëmmen**. On distingue trois cas de figure en français, et, selon le cas, on utilisera **eréischt** ou **nëmmen** :

- **eréischt** (sens quantitatif), pour une situation provisoire.

Exemple : **Ech hunn eréischt 19 Joer, ech brauch och meng Fräiheet** = *Je n'ai que 19 ans, j'ai besoin de ma liberté.*

- **eréischt** (sens temporel), dans le sens de « pas plus tôt que » (par opposition à **schonn**).

Exemple : **Hien ass eréischt ëm 22 Auer heem komm** = *Il n'est arrivé à la maison qu'à 22 heures.*

- **nëmmen** (sens quantitatif), dans un sens définitif (synonyme : **just**).

Exemple :**Si huet nëmmen Zäit fir dech, wa si sech langweilt** = *Elle n'a du temps pour toi que quand elle s'ennuie.*

10 Complétez par NËMMEN ou ERÉISCHT.

a. Et ass .... 10 Auer, mir mussen nach eng Stonn waarden.

b. Hues du ....5 Säite gelies? Wéini lies du déi aner?

c. Ech hu leider ....eng Stonn Zäit.

d. De Film ass kuerz, en dauert .... 80 Minutten.

e. De Bus kënnt... an 10 Minutten, mir hunn nach Zäit.

f. Ech kann dech net invitéieren, ech hunn ....zwee Euro bei mir.

g. De Film leeft .... muer, dat ass déi eenzeg Seance!

h. De Film leeft nach net, e kënnt .... muer an de Kino.

Bravo, vous êtes venu(e) à bout du chapitre 12 ! Il est maintenant temps de comptabiliser les icônes et de reporter le résultat en page 128 pour l'évaluation finale.

13

Les verbes à régime prépositionnel / Les adjectifs à régime prépositionnel / Les pronoms prépositionnels

Les verbes suivis d'une préposition : accusatif ou datif ?

- Certains verbes sont toujours suivis d'une préposition qui régit un complément, soit à l'accusatif, soit au datif. Il existe aussi des prépositions qui sont toujours suivies de l'accusatif ou du datif.
- Les prépositions qui gouvernent toujours l'accusatif sont : **fir** (*pour*), **duerch** (*à travers*), **ouni** (*sans*), **géint** (*vers*), **ëm** (*autour de, vers*), **bis** (*jusqu'à*), **laanscht** (*le long de*).
- Les prépositions qui gouvernent toujours le datif dont : **aus** (*de, hors de*), **mat** (*avec*), **no** (*après*), **zënter** (*depuis*), **vun** (*de*), **zu** (*chez, à*), **wéinst** (*à cause de*), **trotz** (*malgré*), **virun** (temporel, *avant*).
- Les prépositions qui gouvernent soit le datif, soit l'accusatif sont : **an** (*en, dans*), **op** (*sur*), **un** (*à*), **iwwert** (*au-dessus de*), **ënnert** (*sous*), **virun** (*devant*), **hannert** (*derrière*), **tëschent** (*entre*), **niewent** (*à côté de*), **widdert** (*contre*), **bei** (*chez, près de*).
- **Conseil de méthode :** il est recommandé d'apprendre par cœur la structure verbe + préposition + cas.
- Certains verbes peuvent être suivis de prépositions différentes.

Exemple : **sech freeën op** + acc., *se réjouir (par avance)* / **sech freeën iwwer** + acc., *se réjouir.*

Quelques verbes à préposition

denken un + acc., *penser à*
dreeme vun + datif, *rêver de*
Merci soe fir + acc., *dire merci pour*
ofhänke vun + datif, *dépendre de*
rechne mat + datif, *compter sur*
richen no + datif, *sentir*
schmaachen no + datif, *goûter*
schwätzen iwwer + acc. / schwätze vun + datif, *parler au sujet de / de*
sech erënneren un + acc., *se souvenir de*
sech freeën iwwer + acc., *se réjouir de*
sech freeën op + acc., *se réjouir de*
sech gewinnen un + acc., *s'habituer à*
sech interesséiere fir + acc., *s'intéresser à*
sech këmmeren ëm + acc., *s'occuper de*
sech verléiwen an + acc., *tomber amoureux de*
waarden op + acc., *attendre*

CHAPITRE 13 : LES VERBES À RÉGIME PRÉPOSITIONNEL / LES ADJECTIFS À RÉGIME PRÉPOSITIONNEL / LES PRONOMS PRÉPOSITIONNELS

1 Combinez les deux parties de phrase.

a. *Ech interesséiere mech immens*
b. *Elo waarde mir scho 40 Minutten*
c. *Deen neie Beaujolais schmaacht*
d. *Mäi Mann erënnert sech ni*
e. *Fir eis Party këmmeren ech mech*
f. *Ech brauch Vakanz, ech dreeme*
g. *Vill Leit freeë sech schonn am Oktober*
h. *Mir soen Iech villmools Merci*

1. *no zeidege Banannen.*
2. *vun enger Rees op eng Insel.*
3. *op Chrëschtdag.*
4. *fir exotesch Sproochen.*
5. *un eisen Hochzäitsdag* *(anniversaire de mariage).*
6. *op de Bus.*
7. *fir de Kaddo.*
8. *ëm d'Gedrénks.*

2 Complétez par la préposition qui convient.

a. Eis Kaz muss sech .... déi nei Wunneng gewinnen.
b. Mäin Noper ass sou léif, ech kéint mech direkt .... hie verléiwen.
c. Hei richt et ganz staark .... Gas.
d. Huet deng Fra sech .... de Kaddo gefreet?
e. Meng Laun *(humeur)* hänkt dacks .... dem Wieder of.
f. Ech denke ganz dacks .... déi schéin Zäit zu Paräis.
g. Fir d'Konferenz rechne mir .... méi wéi honnert Leit.
h. Mat mengem Frënd kann ech .... alles schwätzen.

Les adjectifs suivis d'une préposition : accusatif ou datif ?

En luxembourgeois, certains adjectifs sont toujours suivis d'une préposition. Leur principe de fonctionnement est semblable à celui des verbes, notamment en ce qui concerne la préposition et le cas qui la gouverne.

Quelques adjectifs (ou participes passés) à préposition

averstan mat + datif, *d'accord avec*
frëndlech mat + datif, *aimable avec*
frou iwwer + acc., *heureux de*
houfreg op + acc. (synonyme de **stolz**), *fier de*
interesséiert un + datif, *intéressé à*
ofhängeg vun + datif, *dépendant de*
responsabel fir + acc., *responsable de*
stolz op + acc., *fier de*
verléift an + acc., *amoureux de*
zefridde mat + datif, *satisfait de*

3 Complétez par l'adjectif ou le participe qui convient.

a. Alles ass tipptopp, mir si ganz .... mam Service.

b. Meng Kanner schaffe gutt an der Schoul, ech si ganz .... op si.

c. Ech sinn net .... mat dir, ech fannen dat net richteg.

d. Wien ass hei .... fir d'Organisatioun? Dat geet guer net esou!

e. De Jacques ass schrecklech an d'Julie .... , hie wëllt ëmmer bei him sinn.

f. Fänk net mat Fëmmen un, du gëss séier .... vum Tubak.

4 Accusatif ou datif ? Cochez la bonne réponse.

a. Ech denke vill un
- ☐ dech.
- ☐ dir.

b. Mir hu ganz laang op
- ☐ den Dokter gewaart.
- ☐ dem Dokter gewaart.

c. D'lescht Nuecht hunn ech vun
- ☐ hie gedreemt.
- ☐ him gedreemt.

d. Mir schwätze ganz dacks iwwer
- ☐ eis Famill.
- ☐ eiser Famill.

e. Ech freeë mech op
- ☐ meng Vakanz.
- ☐ menger Vakanz.

f. Sidd Dir un
- ☐ dës Offer interesséiert?
- ☐ dëser Offer interesséiert?

g. Ech hu mech a
- ☐ mäin Noper verléift.
- ☐ mengem Noper verléift.

h. D'Madame Bley ass ganz houfreg op
- ☐ hir Kanner.
- ☐ hire Kanner.

Prépositions et pronoms

- En luxembourgeois, les pronoms personnels (**mech**, **dech**, **hien**, **si**, **hatt**, **eis**, **iech/Iech**, **si**) peuvent être précédés d'une préposition. S'agissant de personnes, ils peuvent également remplacer un nom (propre ou commun) dans la construction suivante : préposition + pronom personnel.

Exemple : **Ech erënnere mech u meng Proffen** = *Je me souviens de mes profs* / **Ech erënnere mech u si** = *Je me souviens d'eux.*

- Lorsqu'il s'agit d'objets ou de choses, la préposition est précédée par **dor-/dr-** (+ voyelle) ou **do-** (+ consonne) : **un** → **dorun/drun** ; **mat** → **domat**

Exemple : **Ech erënnere mech un d'Vakanz** = *Je me souviens des vacances* / **Ech erënnere mech drun** = *Je m'en souviens.*

5 **Remplacez le complément prépositionnel par un pronom prépositionnel ou une préposition + pronom personnel.**

a. Ech interesséiere mech fir Musek, an Dir? Ech interesséiere mech guer net

....

b. De Premierminister ass op d'Konferenz komm, mir haten net .... gerechent.

c. Kanns du dech nach un däin éischte Schoulmeeschter erënneren? Jo kloer, ech erënnere mech gutt ....

d. Wat ass dat eng Hëtzt *(canicule)* hei!
– Fënns du? Ech si schonn .... gewinnt.

e. Dat Thema ass wierklech interessant, mir mussen nach .... schwätzen.

f. Kuck, hei sinn d'Resultater vu mengem Test. Ech si ganz houfreg ....

6 **Indiquez si les phrases suivantes sont correctes ou fausses. Cochez C ou F puis corrigez les fautes.**

	C	F
a. Wéini ass däi Gebuertsdag? Ech erënnere mech ni dran.		
b. Kuck, hei ass en interessante Concert. Interesséiers du dech och dofir?		
c. Meng Nopesch huet ganz intelligent Kanner, si ass ganz houfreg op si.		
d. De Sam huet d'Lisa gesinn a sech direkt dra verléift.		
e. Endlech ass den Tram do! Mir hu laang drop gewaart!		
f. Ech fannen däi Projet net gutt. Ech sinn net domat averstan.		

Les verbes ou les adjectifs dans l'interrogation

- S'agissant de personnes, on trouve la construction suivante : préposition + pronom interrogatif **wien** (acc.) ou **wiem** (datif).

Exemple : **U wien erënnert Dir lech? U meng Proffen** = *De qui vous souvenez-vous ? De mes profs.*

- Quand il s'agit d'objets, la construction est la suivante : préposition + **wat**.

Exemple : **U wat erënnert Dir lech? U meng Vakanz** = *De quoi vous souvenez-vous ? De mes vacances.*

- Les tournures suivantes sont aussi possibles : **Wourun? Woumat?**

Exemple : **Wourun denks du?** = *À quoi penses-tu ?*

7 Utilisez le pronom interrogatif et la préposition qui conviennent.

a. .... këmmert deng Assistentin sech? .... déi europäesch Dossieren.

b. .... interesséiere sech deng Kanner? .... Sport.

c. .... hues du mam Paul geschwat? .... de Mike.

d. .... hänkt de Projet of? .... der Ministesch.

e. .... kanns du dech net gewinnen? .... dee ville Reen.

8 Complétez les phrases par une préposition, un pronom prépositionnel ou un pronom interrogatif.

a. Hues du d'Gedrénks fir d'Party kaaft? Oh nee, ech muss muer ....denken.

b. Soll ech dech muer de Moien .... erënneren?

c. Jo, mee ....muss ech nach denken?

d. .... näischt, ech këmmere mech .... d'lessen.

e. Ah jo, du bass jo responsabel........................... de Kascht *(la nourriture)*.

f. Mir mussen och nach Käerze fir d'Deko kafen. Bass du ....averstan?

g. Ech sinn net .... der Deko interesséiert; maach, wat s du wëlls.

h. An der Rei, da brauche mer net méi................................ ze schwätzen.

Négation avec *on-*

- Le contraire de certains adjectifs se forme par l'ajout du préfixe **on-**.
- Cette formation correspond à différentes traductions françaises : il peut s'agir d'un préfixe comme *in-* ou *im-* ou de l'ajout d'une négation devant, comme *pas* ou *non*.

Exemples : **méiglech**, *possible* / **onméiglech**, *impossible* ; **sympathesch**, *sympathique* / **onsympahtesch**, *antipathique* ; **gesond**, *sain* / **ongesond**, *malsain*, etc.

Quelques adjectifs dont les opposés se forment par *on-*

frëndlech, *amical / gentil*
gedëlleg, *patient*
gemittlech, *confortable*
gesond, *sain*
glécklech, *heureux*
héiflech, *poli*
musikalesch, *musical*
néideg, *nécessaire*
schëlleg, *coupable*
sécher, *sûr*
sportlech, *sportif*
sympathesch, *sympathique*
trei, *fidèle*
uerdentlech, *convenable*

9 Combinez les définitions avec l'adjectif qui convient.

a. Quelqu'un qui n'est pas heureux ☐
b. Quelque chose qui est malsain ☐
c. Quelqu'un qui n'a pas l'oreille *(musicale)* ☐
d. Quelqu'un qui n'est pas sportif ☐
e. Quelqu'un qui n'est pas fidèle ☐
f. Quelque chose qui n'est pas certain ou sûr ☐
g. Quelque chose qui n'est pas confortable ☐

1. onsécher
2. ontrei
3. onsportlech
4. ongesond
5. ongléckIech
6. onmusikalesch
7. ongemittlech

10 Trouvez les traductions des mots ci-dessous dans la grille.

fidèle · impatient · coupable · musical · impoli · malsain · sympathique · désordonné · nécessaire · amical, gentil

K	W	Z	O	K	P	Q	V	E	T	Z	L	D	G	Z	I	V	R
P	F	G	Y	P	T	G	N	S	V	M	I	L	Q	R	T	Ë	R
J	M	O	W	Q	O	B	M	I	K	D	E	U	O	P	A	L	S
S	S	K	W	Q	N	G	H	H	E	O	W	M	L	O	P	O	R
D	I	U	U	P	G	F	J	D	L	N	R	R	L	Q	X	S	W
V	S	T	D	C	E	R	W	U	L	G	G	U	Z	T	Q	K	E
K	C	W	G	T	S	Ë	C	H	E	E	U	U	C	H	T	E	C
A	H	L	O	P	O	N	U	E	R	D	E	N	T	L	E	C	H
F	Ë	Q	R	S	N	D	H	H	F	Ë	L	P	P	K	A	L	B
F	L	P	H	C	D	L	X	H	Ë	L	E	Q	N	C	M	E	L
I	L	T	U	T	M	E	W	N	N	L	Q	T	Q	A	A	R	I
S	E	D	I	U	Q	C	Q	O	S	E	P	M	L	Y	R	E	E
T	G	E	Q	Z	B	H	Z	A	T	G	T	Y	L	U	I	F	S
A	U	X	E	Q	T	B	O	N	H	É	I	F	L	E	C	H	B
A	P	T	P	P	S	O	P	I	R	J	Z	P	S	V	U	L	R
S	B	R	G	T	R	M	U	S	I	K	A	L	E	S	C	H	Ë
S	E	E	M	D	R	E	C	K	S	K	Ë	S	C	H	T	A	L
N	É	I	D	E	G	Q	F	A	L	C	G	M	E	I	A	R	L
Y	Z	P	U	L	O	S	Y	M	P	A	T	H	E	S	C	H	A

Bravo, vous êtes venu(e) à bout du chapitre 13 ! Il est maintenant temps de comptabiliser les icônes et de reporter le résultat en page 128 pour l'évaluation finale.

14

Les conjonctions datt (dass), wéi, wann et ob

La place du verbe dans les subordonnées

Les conjonctions **datt (dass)**, **wéi**, **wann**, **ob** introduisent une proposition subordonnée dont le verbe est situé à la fin de la phrase de la proposition. Contrairement à cela, si la principale est placée en tête de phrase, on procède à une inversion.

Exemples : **D'Sonn schéngt. Dat ass gutt** = *Le soleil brille. C'est bien.*
Et ass gutt, datt d'Sonn schéngt = *Il est bien que le soleil brille.*

Remarque : Il ne faut pas oublier de mettre une virgule avant ces conjonctions pour séparer la proposition principale de la subordonnée.

1 **Reliez les deux principales par DATT.**

a. De Concert ass annuléiert. Dat ass schued.
Et ass schued, datt de Concert annuléiert ass.

b. D'nächst Woch ass Vakanz. Dat ass flott.

....

c. Säin Hond ass gestuerwen. Dat ass traureg.

....

d. D'Dier ass zougespaart *(fermée à clé)*. Dat ass komesch.

....

e. De Patient ass nervös. Dat ass normal.

....

2 Mettez les mots dans l'ordre correct et n'oubliez pas la ponctuation.

Muer annoncéiert hien de demissionéiert President datt

a. → ....

....

Dir Et musst leed deet waarde datt mer

b. → ....

....

Wousst datt elo de Pedro Lëtzebuerger Dir ass

c. → ....

....

Tournoi Ech mengen gewënnt mäi net Club den datt

d. → ....

....

zoumécht de 18 Auer Wou um Buttek steet datt

e. → ....

....

schaffen datt Chef wëllt ech Mäi sonndes

f. → ....

....

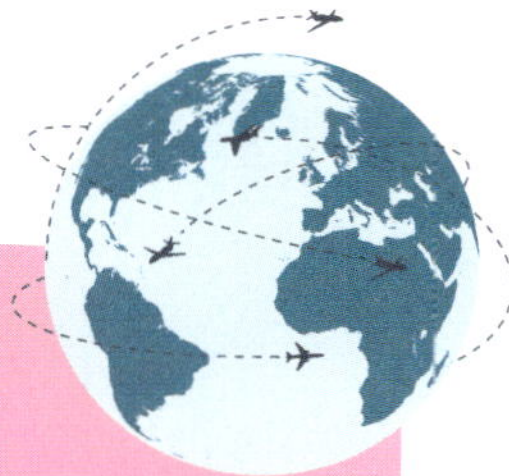

Ob, wann, wéi et wéini

- La conjonction **ob** correspond à une question fermée indirecte dont la réponse est « oui » ou « non ».

Exemple : **Ech wëll wëssen, ob hien d'Wourecht seet** = *Je veux savoir s'il dit (oui ou non) la vérité.*

- On emploie **wann** :

– devant un verbe, marquant le futur.

Exemple : **Wann ech mol grouss ginn, maachen ech eng Weltrees** = *Quand (un jour) je serai grand, je ferai le tour du monde.*

– devant un verbe au présent ou au passé, quand l'action est répétée.

Exemple : **Wann ech moies opstinn, sinn ech oft midd** = *Quand je me lève le matin, je suis souvent fatigué.*

- **Wann** (*si, au cas où*) gouverne le conditionnel devant un verbe au présent ou au passé, indiquant l'irréel ou le souhait.

Exemple : **Wann s du mir hëllefe géifs, wier ech éischter fäerdeg.** = *Si tu m'aidais, je terminerais plus tôt.*

- **Wann** gouverne l'indicatif et indique une condition ou une supposition réelle.

Exemple : **Wann s du mir hëllefs, sinn ech éischter fäerdeg** = *Si tu m'aides, je terminerai plus tôt.*

- On emploie **wéi** (*quand, une fois que, au moment où*) :

– devant un verbe au passé, si l'action ne s'est produite qu'une fois.

Exemple : **Wéi den Zuch vu 15:00 Auer koum, war ech erliichtert** = *Quand arriva le train de 15 h 00, j'étais soulagé.*

– quand l'action est terminée dans le temps.

Exemple : **Wéi ech kleng war, wollt ech Polizist ginn** = *Quand j'étais petit, je voulais devenir policier.*

- **Wéini** renvoie à une question indirecte.

Exemples : **Wéini fänkt de Cours un?** = *Quand commence le cours ?*
Ech froen, wéini de Cours ufänkt. = *Je demande à quelle heure le cours commence.*

- Ainsi, le *si* français peut se traduire par **ob** ou **wann**. *Quand* se traduit par **wann**, **wéi** ou **wéini**.
- La conjonction **wann** est souvent suivie par une principale commençant par **dann** (*si … alors*), ce qui constitue des phrases conditionnelles ou indiquant une conséquence :

Exemple : **Wann dat dir Spaass mécht, da probéier!** = *Si cela te fait plaisir, alors essaie !*

3 Complétez par OB, WÉINI ou WANN.

a. .... et reent, gi mir net spadséieren.

b. Weess du, ... mäi Rendez-vous beim Zänndokter ass?

c. Dir musst decidéieren, ... Dir dat maacht oder net.

d. Ech sinn immens frou, ... Dir matkommt.

e. Ech froe mech, ... dat gutt fir deng Gesondheet ass.

f. Ech sinn an der Vakanz, ... de Jos op Besuch kënnt.

g. Kënnt Dir mir soen, ... den Zuch fiert?

4 Reliez les phrases principales et les subordonnées.

a. Ech weess nach net, •

b. Mir hu vill dobausse gespillt, •

c. Kanns du mir soen, •

d. Mir ginn herno e Kafi drénken, •

e. Ech soen dir Bescheed, •

f. Mir sinn net an d'Schoul gaangen, •

• 1. wéi mir kleng waren.

• 2. ob de Guichet haut op ass oder net.

• 3. wann ech doheem sinn.

• 4. wéini mir eis gesinn.

• 5. wa mer krank waren.

• 6. wann s du wëlls.

5 Traduisez.

a. Wann d'Kanner vill Tëlee kucken, da liese si manner.

b. Wann Dir Member sidd, da kritt Dir eng Reductioun.

c. Wann Dir allergesch op Fësch sidd, dann däerft Dir kee Saumon iessen.

d. Wann Dir den Exercice net verstitt, da musst Dir froen.

e. Wann Dir Lëtzebuerger gi wëllt, da musst Dir e Sproochentest maachen.

f. Wann Dir an d'USA reese wëllt, da braucht Dir e Visa.

Les médecins

Aendokter, *ophtalmologue*
Déierendokter, *vétérinaire*
Fraendokter, *gynécologue*
Gastrolog, *gastro-entérologue*
Hausdokter, *médecin traitant*
Hautdokter, *dermatologue*
Impfung, *vaccin*
Kannerdokter, *pédiatre*
Krankeschäin, *certificat médical*
Psychiater, *psychiatre*
Zänndokter, *dentiste*

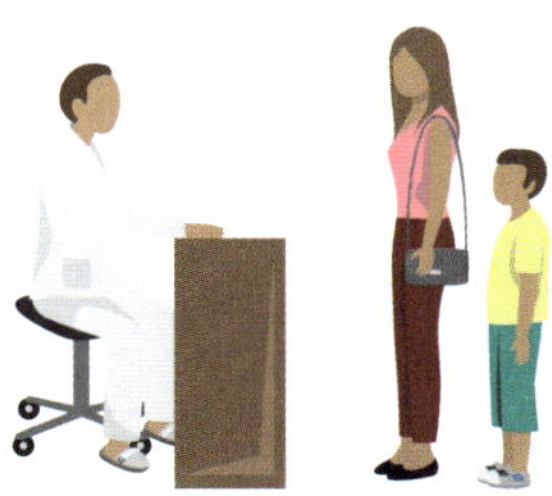

6 Reliez les parties de phrase.

a. Wann Dir fëmmt,
b. Wann Dir equilibréiert iesst,
c. Wann Dir en Antibiotique kafe wëllt,
d. Wann Dir dräi Deeg net schaffe gitt,
e. Wann Dir net schlofe kënnt,
f. Wann Dir d'Gripp hutt,

1. da braucht Dir e Rezept vum Dokter.
2. da sollt Dir am Bett bleiwen.
3. da kritt Dir vill gesondheetlech Problemer.
4. da sollt Dir eng waarm Mëllech drénken.
5. da braucht Dir e Krankeschäin.
6. da braucht Dir keng Vitaminnen ze huelen.

7 Complétez par le nom de médecin qui convient.

a. Wann Dir e Puppelche kritt, da musst Dir bei de .... goen.
b. Wann Dir net méi gutt gesitt, da musst Dir bei den .... goen.
c. Wann Dir e Rezept fir eng Bluttanalys braucht, da musst Dir bei den .... goen.
d. Wann Dir dacks de Bauch wéi hutt, da musst Dir bei de .... goen.
e. Wann Äert klengt Meedche krank ass, da musst Dir bei de .... goen.
f. Wann Dir d'Zänn wéi hutt, da musst Dir bei den .... goen.
g. Wann Dir en Exzema am Gesiicht hutt, da musst Dir bei den .... goen.
h. Wann Ären Hond eng Impfung brauch, da musst Dir bei den .... goen.
i. Wann Dir dacks depriméiert sidd, da musst Dir bei de .... goen.

Well

En luxembourgeois, **well** est une conjonction de cause qui peut se traduire par une conjonction de subordination (parce que) ou de coordination (car). Pour séparer la subordonnée de la principale, la conjonction **well** est toujours précédée d'une virgule. Dans cette subordonnée, le verbe est en dernière ou en deuxième position.

Exemple : **Hie kann net kommen, well hien ass krank.** = *Il ne peut pas venir car il est malade.*
Firwat spillt hien Tennis? Well hie sportlech ass. = *Pourquoi joue-t-il au tennis ? Parce qu'il est sportif.*

8 Quelle subordonnée n'est pas correcte ?

a. MIR BLEIWEN NET LAANG,
1. well mir hunn net vill Zäit.
2. well hu mir net vill Zäit.
3. well mir net vill Zäit hunn.

b. HIE FIERT AN D'VAKANZ,
1. well hien huet immens vill geschafft.
2. ob hie Congé huet.
3. wann hie Congé kritt.

c. MIR FROEN DE PATRON,
1. wa mir Congé kréien.
2. ob mir Congé kréien.
3. wéini mir Congé kréien.

d. MIR MUSSE VILL LÉIEREN,
1. well mir wëllen den Exame packen.
2. wa mir den Exame packe wëllen.
3. wéini mir den Exame packe wëllen.

Quelques adverbes

bal, *presque*
direkt, *tout de suite*
éischter, *plus tôt, plutôt**
elo, *maintenant*
ganz, *très, tout à fait*
geschwënn, *bientôt*
immens, *très, énormément*
kaum, *à peine*
nach, *encore*
schonn, *déjà*
wierklech, *vraiment*
zimlech, *assez*

*Quelques exemples pour plutôt et plus tôt :
Hie kënnt haut éischter heem = *Il rentre plus tôt aujourd'hui.*
Hatt ass éischter schei = *Elle est plutôt timide.*
Ech schaffe léiwer éischter eleng = *Je préfère plutôt travailler seul.*
Ech komme léiwer éischter schaffen = *Je préfère venir travailler plus tôt.*

Remarque : **éischter** dans le sens de *plus tôt* (contraire de *plus tard*) peut toujours être remplacé par **méi fréi**.

9 Trouvez la traduction des dix mots dans la grille.

bientôt → ....

déjà → ....

encore → ....

plus tôt (plutôt) → ....

vraiment → ....

presque → ....

tout à fait → ....

très → ....

à peine → ....

assez → ....

K	W	Z	V	R	O	K	P	Q	V	E	T	Z	L	D	G	Z	I
P	F	G	Ë	R	Y	P	T	G	N	S	V	M	I	L	Q	R	T
J	M	O	N	A	C	H	G	B	M	I	K	D	E	U	O	P	A
S	S	K	O	R	W	Q	O	G	H	H	E	V	W	M	L	O	P
D	I	U	G	E	S	C	H	W	Ë	N	N	O	R	R	L	Q	X
V	G	T	K	E	D	C	H	N	W	U	L	G	G	U	Z	T	Q
K	T	W	E	C	G	T	Ä	S	C	H	E	L	U	U	C	H	T
A	K	L	L	A	O	P	P	Q	W	C	R	F	S	P	I	I	T
F	A	Q	W	I	E	R	K	L	E	C	H	Y	L	P	M	K	A
F	U	P	E	L	H	C	M	P	X	H	Ë	W	E	Q	M	C	M
I	M	T	R	I	U	T	M	L	W	G	A	N	Z	T	E	A	A
S	E	É	I	S	C	H	T	E	R	O	S	F	I	M	N	Y	R
T	C	E	F	C	Q	Z	B	A	Z	A	T	M	M	Y	S	U	I
A	U	X	M	H	E	Q	T	B	É	I	E	R	L	L	A	S	C
A	P	Y	L	O	P	P	S	O	P	I	R	J	E	P	S	V	U
S	B	P	Z	N	G	T	R	A	P	E	N	H	C	U	S	B	S
S	E	H	A	N	M	D	R	E	C	K	S	K	H	S	C	H	T
F	U	I	R	L	B	A	L	Q	F	A	L	C	Y	M	E	I	A

10 Cochez la traduction correcte des phrases suivantes.

a. Dir hutt dëst Joer wierklech ganz gutt geschafft.

1. Vous avez vraiment travaillé cette année.
2. Vous avez vraiment très bien travaillé cette année.
3. Vous avez vraiment bien travaillé cette année.

b. De Jang huet kaum Progrèse gemaach.

1. Jean a fait beaucoup de progrès.
2. Jean a fait des progrès.
3. Jean n'a guère fait de progrès.

c. Ech hunn de Moien de Bus bal verpasst.

1. J'ai failli rater le bus ce matin.
2. Je rate le bus chaque matin.
3. J'ai raté le bus ce matin.

d. Elo hu mir geschwënn en Tram zu Lëtzebuerg.

1. Nous avons le tram au Luxembourg.
2. Maintenant il y aura bientôt le train à Luxembourg.
3. Nous aurons bientôt un tram au Luxembourg.

e. Hutt Dir schonn den neie Film vum Andy Bausch gesinn?

1. As-tu déjà vu le dernier film d'Andy Bausch ?
2. Avez-vous déjà vu le dernier film d'Andy Bausch ?
3. Irez-vous voir le prochain film d'Andy Bausch ?

f. Ech muss nom Cours direkt heemfueren.

1. Je dois rentrer chez moi après le cours.
2. Je dois bientôt rentrer à la maison après le cours.
3. Je dois directement rentrer à la maison après le cours.

g. Muer kommen ech éischter schaffen.

1. Demain je viendrai travailler plus tôt.
2. Demain je viendrai travailler plus tard.
3. Demain je viendrai plutôt travailler.

h. Deen Exercice hei ass zimlech schwéier.

1. Cet exercice est très difficile.
2. Cet exercice-ci est assez difficile.
3. L'exercice est plutôt difficile.

i. Dir hutt nach fënnef Minutten Zäit.

1. Vous avez à peine encore cinq minutes.
2. Vous avez encore cinq minutes.
3. Vous avez déjà eu cinq minutes.

Bravo, vous êtes venu(e) à bout du chapitre 14 ! Il est maintenant temps de comptabiliser les icônes et de reporter le résultat en page 128 pour l'évaluation finale.

15

La voix passive

Les auxiliaires du passif

En luxembourgeois, pour exprimer le passif, on dispose de trois verbes auxiliaires : **ginn / kréien** et **sinn**.

- **Ginn et kréien** s'emploient pour le passif d'action.

Exemple : **Ech maache mäi Cocktail** = *Je fais mon cocktail* (A). **Mäi Cocktail gëtt vum Barman gemaach** = *Mon cocktail est fait par le barman* (P).
Den Techniker fléckt d'Heizungsinstallatioun = *Le technicien répare l'installation de chauffage* (A). **D'Heizungsinstallatioun gëtt vum Techniker gefléckt** = *L'installation de chauffage est réparée par le technicien* (P). **Den Här Kieffer kritt seng Heizungsinstallatioun vum Techniker gefléckt** = litt. : « M. Kieffer reçoit son installation par le technicien réparée » = *L'installation de chauffage est réparée par le technicien* (P).

- **Sinn** s'emploie pour le passif d'état marquant le résultat de l'action.

Exemple : **D'Aarbecht ass gemaach** = *Le travail est fait.*

Retrouvez les tableaux de conjugaison en page 127.

Emploi et conjugaison du passif

LE PASSIF AVEC « GINN »

(actif) **De Paul fléckt den Auto.**
(passif) **Den Auto gëtt vum Paul gefléckt.**

Le verbe au passif : auxiliaire **ginn** + participe passé du verbe de la phrase active. L'auxiliaire **ginn** se met au même temps que le verbe conjugué de la phrase active.

Exemple : **fléckt** = indicatif présent ; **gëtt** = indicatif présent ; **gefléckt** = participe passé du verbe **flécken**

De Paul huet den Auto gefléckt = *Paul a réparé la voiture.* (A)
Den Auto ass vum Paul gefléckt ginn = *La voiture a été réparée par Paul.* (P)

De même, les verbes de modalité restent inchangés : **De Paul muss den Auto flécken** = *Paul doit réparer la voiture.* (A) **Den Auto muss vum Paul gefléckt ginn** (infinitif passif) = *La voiture doit être réparée par Paul.* (P)

Emploi et conjugaison du passif *(suite)*

- **Le sujet** de la phrase active devient « complément d'agent » (CA) de la phrase passive, introduit par **vun**.

Remarque : le complément d'agent peut aussi être introduit par :

– **duerch** (cause).
Exemple : **d'Haus gouf duerch e Stuerm zerstéiert** = *La maison a été détruite par / à cause d'une tempête.*

– **mat** (instrument).
Exemple : **d'Drauwe gi mat der Maschinn gelies** = *Les raisins sont vendangés avec la machine.*

- **Le complément d'objet direct (COD)** de la phrase active devient le sujet de la phrase passive.

Remarque : souvent, dans une phrase passive avec **ginn** ou **kréien**, il est possible de laisser de côté le complément d'agent dans la mesure où il ne joue pas un rôle essentiel.

Exemple : **Ech krut mäin Auto geklaut** = litt. : *J'ai reçu ma voiture volée = On m'a volé ma voiture (mais je ne sais pas par qui elle a été volée).*

LE PASSIF AVEC « KRÉIEN »

Pour former une tournure passive avec **kreien** (litt. : *recevoir*), on a besoin d'un complément d'objet indirect dans la phrase active, le complément d'objet direct n'étant pas absolument nécessaire.

Exemple : **De Staat hëlleft eis** = *L'État nous aide.* **Mir kréie vum Staat gehollef** = litt. : *Nous recevons de l'État aidés = Nous sommes aidés par l'État.*
De Coiffeur schneit dem Paul d'Hoer = *Le coiffeur coupe les cheveux à Paul.* **De Paul kritt vum Coiffeur d'Hoer geschnidden** = litt. : *Paul reçoit du coiffeur les cheveux coupés = Les cheveux de Paul sont coupés par le coiffeur.*

- **Le verbe au passif** : auxiliaire **kréien** + participe passé du verbe de la phrase active. Le verbe **kréien** se met au même temps que le verbe conjugué de la phrase active.
- **Le sujet** de la phrase active devient « complément d'agent » de la phrase passive, introduit le plus souvent par **vun**.
- **Le complément d'objet direct (COD)** de la phrase active reste le complément d'objet direct de la phrase passive.
- **Le complément d'objet indirect (COI)** de la phrase active devient le sujet de la phrase passive.

1 **Indiquez s'il s'agit d'une phrase active (A), d'un passif d'action (PA) ou d'un passif d'état (PE).**

	A	PA	PE
a. *De Jacques ass operéiert ginn.*			
b. *D'Strooss ass gespaart.*			
c. *Den Auto gëtt reparéiert.*			
d. *Muer gëtt et kal.*			
e. *Mir si geplënnert.*			

2 **Complétez les phrases au passif d'état.**
Exemple : Um 8 Auer gëtt de Buttek zougemaach → Um 9 Auer ass de Buttek zou.

a. E Méindeg gëtt d'Strooss gespaart.
En Dënschdeg ....

b. Moies gëtt alles gebotzt.
Mëttes ....

c. Um 3 Auer gëtt de Kuch gebak.
Um 4 Auer ....

d. Dës Woch gëtt d'Haus renovéiert.
D'nächst Woch ....

3 **Transforméz les phrases passives en phrases actives.**

a. Dëst Bild ass vum Gauguin op Tahiti gemoolt ginn.

....

b. Ech si vun enger Harespel *(guêpe)* gepickt ginn.

....

c. D'Biller vum bekannte Moler si vun der Galerie ausgestallt ginn.
(**ausstellen**, *exposer*)

....

d. De Premierminister gëtt vum Grand-Duc empfaangen. (**empfänken**, *recevoir*)

....

e. Eist Haus ass vun enger Lëtzebuerger Firma renovéiert ginn.

....

4 Transformez les phrases actives en phrases passives.

a. D'Kannermeedchen zillt meng Kanner.

....

b. De Mecanicien fléckt mäin Auto.

....

c. De Kach kacht mäin Iessen.

....

d. D'Botzfra botzt mäin Haus.

....

e. Den Noper méit meng Wiss.

....

f. D'Nopesch féiert mäin Hond spadséieren.

....

g. Meng Schwëster fiddert meng Kaz.

....

5 Trouvez le complément d'agent dans les phrases passives suivantes.

vum Proff
vum Staat
vum Direkter
vu mir
vum Guide
vum Zeien
vum Zänndokter

a. D'Schüler kréie .... den Exercice erklaërt.

b. Den Här Molitor kritt .... en Zant gerappt.

c. D'Police kritt .... all d'Detailer erzielt.

d. D'Famill kritt .... finanziell gehollef.

e. D'Touriste krute .... d'Stad gewisen.

f. Meng Mamm krut .... Blumme fir Mammendag geschenkt.

g. D'Schüler krute .... hir Diplomer iwwerreecht.

Le passif impersonnel

- Le *on* français se traduit souvent par une phrase passive.

Exemple : *On construit une route* = **Eng Strooss gëtt gebaut** (sans indication de complément d'agent), litt. : *Une route est construite.*

- Si la phrase active n'a pas de COD, on construit une phrase passive en commençant par le pronom « et » ou par un complément de temps, de lieu, etc.

Exemple : *Ici on travaille beaucoup* = **Hei gëtt vill geschafft.**

6 Traduisez.

a. Muer gëtt um 8 Auer ugefaangen.

....

b. Hei gëtt Lëtzebuergesch geschwat.

....

c. Elo gëtt geschlof.

....

d. Hei gëtt net gefëmmt.

....

e. Et gëtt gesot, hie wär krank.

....

f. Et gëtt vill iwwert d'Ëmwelt geschwat.

....

Comment traduire « on » ?

Le pronom *on* peut se traduire :

- par la voix passive

Exemple : *On dit* = **Et gëtt gesot.**
On m'a volé la voiture = **Ech krut mäin Auto geklaut.**

- par **een,** mais **een** ne se met jamais en début de phrase.

Exemple : *Ici on peut bien manger* = **Hei kann ee gutt iessen.**
On mange bien ici = **<u>Et</u> ësst <u>ee</u> gutt hei.**

7 **Voici quelques recommandations de bonne conduite. Combinez les phrases par leur traduction.**

a. Dat seet een net. •
b. Sou eppes mécht een net. •
c. Et flucht een net. •
d. Dat freet een net. •
e. Et schwätzt een net mam volle Mond. •
f. Et geheit een näischt op d'Strooss. •

• **1.** Cela ne se fait pas.
• **2.** On ne parle pas la bouche pleine.
• **3.** On ne jette rien dans la rue.
• **4.** Cela ne se dit pas.
• **5.** On ne jure pas.
• **6.** Cela ne se demande pas.

Comment traduire arrêter et s'arrêter ?

Voici les constructions possibles :

• ophalen ze + INF.

Exemple : **Ech halen op ze fëmmen** = *J'arrête de fumer.*

• ophale mat + INF.

Exemple : **Ech halen op mat fëmmen** = *J'arrête de fumer.*

• Ces deux tournures s'opposent à :
ufänken (ze / mat) : *commencer à…*
halen, utilisé pour un moyen de transport.

Exemple : **De Bus hält** = *Le bus s'arrête.*
Den Zuch hält op all Gare = *Le train s'arrête à toutes les gares.*
Ech halen (mam Auto) virun der Gare = *J'arrête ma voiture devant la gare.*

• stoe bleiwen.

Exemple : **Mir bleiwe bei der rouder Luucht stoen** = litt. : *Nous restons immobiles au feu rouge* = *Nous nous arrêtons au feu rouge.*
Mäi Wecker ass stoe bliwwen = *Mon réveil s'est arrêté.*

• verhaften, pour la police.

Exemple : **D'Police huet den Abriecher verhaft** = *La police a arrêté le cambrioleur.*

Rappel (conjugaison) :
Ech hunn opgehalen = *j'ai arrêté*
Ech si stoe bliwwen = *je me suis arrêté*
Ech hu verhaft = *j'ai arrêté*

8 Complétez les phrases par le verbe qui convient.

a. Et ass rout. Du muss ....

b. Ech hunn de Wecker ausgemaach an en huet .... mat rabbelen.

c. Wéini .... et endlech .... mat reenen?

d. Weess du, ob dee Bus um Hamilius .... ?

e. Dir lieft net gesond, Dir musst .... mat fëmmen.

f. De Bus ass direkt .... , wéi d'Kand iwwert d'Strooss gelaf ass.

g. D'Police huet de Gangster a senger Wunneng ....

h. De Cours fänkt um 8 Auer un an .... um 10 Auer ....

Quelques adjectifs pour décrire le caractère d'une personne

agebilt, *vaniteux*
egoistesch, *égoïste*
éiergäizeg, *ambitieux*
éierlech, *sincère*
fläisseg, *appliqué*
generéis, *généreux*
granzeg, *de mauvaise humeur*
hëllefsbereet, *serviable*
intelligent, *intelligent*
jalous, *jaloux*
knéckeg, *avare*
langweileg, *ennuyeux*
liddereg, *paresseux*
nervös, *nerveux*
pünktlech, *ponctuel*
schei, *timide*
stur, *borné, têtu*
tolerant, *tolérant*
uerdentlech, *ordonné*
virwëtzeg, *curieux*

9 Complétez la phrase par l'adjectif luxembourgeois adéquat.

a. Quelqu'un qui dit toujours la vérité est ....

b. Quelqu'un qui aime aider les gens est ....

c. Quelqu'un qui n'aime pas travailler est ....

d. Quelqu'un qui veut toujours tout savoir est ....

e. Quelqu'un qui se vante de soi-même est ....

f. Quelqu'un qui est souvent grincheux est ....

g. Quelqu'un qui n'aime pas dépenser de l'argent est ....

h. Quelqu'un qui est toujours à l'heure est ....

10 Insérez la traduction des mots ci-dessous dans la grille des mots croisés.

horizontal
- **3.** timide
- **4.** appliqué
- **8.** tolérant
- **10.** égoïste

vertical
- **1.** généreux
- **2.** ordonné
- **5.** ambitieux
- **6.** ennuyeux
- **7.** borné, têtu
- **9.** nerveux

Bravo, vous êtes venu(e) à bout du chapitre 15 ! Il est maintenant temps de comptabiliser les icônes et de reporter le résultat en page 128 pour l'évaluation finale.

Chapitre 1 : Révision des verbes réguliers et irréguliers, verbes de modalité

1 **sichen :** du sichs – hien/si/hatt sicht – dir/Dir sicht – si sichen / **spillen :** ech spillen – du spills – mir spillen – dir/Dir spillt / **liesen :** ech liesen – du lies – mir liesen – dir/Dir liest / **léieren :** ech léieren – hien/si/hatt léiert – mir léieren – si léieren / **wunnen :** ech wunnen – du wunns – hien/si/hatt wunnt – dir/Dir wunnt – si wunnen / **kucken :** ech kucken – mir kucken – dir/Dir kuckt – si kucken / **drénken :** ech drénken – du drénks – hien/si/hatt drénkt – mir drénken – dir/Dir drénkt – si drénken / **schaffen :** du schaffs – hien/si/hatt schafft – mir schaffen – dir/Dir schafft / **kachen :** ech kachen – hien/si/hatt kacht – mir kachen – si kachen / **invitéieren :** ech invitéieren – du invitéiers – hien/si/hatt invitéiert – si invitéieren

2 **fueren :** hien/si/hatt fiert – mir fueren – dir/Dir fuert – si fueren / **kafen :** ech kafen – hien/si/hatt keeft – mir kafen – si kafen / **lafen :** ech lafen – du leefs – mir lafen – dir/Dir laaft / **huelen :** ech huelen – du hëls – dir/Dir huelt – si huelen / **schlofen :** du schléifs – hien/si/hatt schléift – mir schlofen – si schlofen / **froen :** ech froen – hien/si/hatt freet – dir/Dir frot – si froen / **kommen :** ech kommen – du këns – mir kommen – si kommen / **iessen :** hien/si/hatt ësst – mir iessen – dir/Dir iesst – si iessen / **maachen :** ech maachen – du méchs – mir maachen – dir/Dir maacht / **verstoen :** du verstees – hien/si/hatt versteet – mir verstinn – si verstinn

3 **a.** IR, goen. Nous allons manger à la cantine tous les jours. **b.** IR, fannen. Marie ne trouve pas sa clé. **c.** R, schwätzen. Parlez-vous luxembourgeois à la maison ? **d.** IR, fléien. Prends-tu toujours l'avion pour aller en vacances ? (litt. : Voles-tu toujours en avion ?) **e.** IR, kréien. Vous n'aurez pas de devoirs à domicile pour la semaine prochaine. (litt. : Vous ne recevez pas de devoirs) **f.** IR, soen. La réceptionniste salue les gens gentiment. (litt. : dit « Moien, bonjour ») **g.** IR, sangen. Mon frère chante maintenant dans un groupe rock. **h.** R, heeschen. Quel est votre nom de famille ? (litt. : « Comment vous appelez-vous par votre nom de famille ? ») **i.** R, reservéieren. Qui réserve la table pour demain soir ?

4 **a.** Du schreifs/Dir schreift/hie schreift eng Postkaart aus der Vakanz. **b.** Wéi laang bleifs du/bleift Dir/bleift si nach an den USA? **c.** Du reifs/Dir reift/hatt reift d'Fënster mat engem Duch dréchen. **d.** Du liefs/Dir lieft/hie lieft an enger flotter Stad. **e.** Du hiefs/Dir hieft/si hieft de Canapé an d'Luucht. **f.** Du buets/Dir buet/hatt buet gär an enger grousser Bidden. **g.** Du leits/Dir leit/hie leit, wann et dobaussen ze waarm ass. **h.** Du schneits/Dir schneit/si schneit d'Brout mat enger Maschinn. **i.** Um wéi vill Auer lants du/lant dir/lant hatt? **j.** Wiem schuets du/schuet Dir/schuet hien domat?

5 **a.** De Paul steet um 7 Auer op. **b.** Hien hëlt de Bus um 8 Auer. **c.** Hie fiert mam Bus op d'Aarbecht. **d.** De Weekend geet hie mat senger Fra spadséieren. **e.** Hien ësst all Dag an der Kantin. **f.** Hie fënnt seng Aarbecht interessant. **g.** Geschwë kritt hien en neie Chef. **h.** Hie versteet sech gutt mat senge Kolleegen.

6 **a.** leien **b.** leien **c.** leeën **d.** leien **e.** leeën **f.** leeën **g.** leien **h.** leeën

7 **a.** Ech ginn all Dag an de Supermarché akafen. **b.** De Proff gëtt de Studenten eng Kopie. **c.** Wuer gees du an d'Vakanz? **d.** Mir ginn dacks an de Kino. **e.** Dir gitt mat mir schwammen. **f.** Fir Moien ze soen, ginn d'Lëtzebuerger sech dräi Beesen. **g.** Gëss du mir deng Adress? **h.** De Jang geet eemol de Mount bei de Coiffer.

8 **a.** Dir musst **b.** Kanns du **c.** däerft Dir **d.** Mir wëllen **e.** ech muss **f.** soll ech/kann ech

9 **a.** D'Claire muss e Regime maachen. **b.** Mir kënnen haut net schwamme goen. **c.** Ech weess säin Numm net. **d.** D'Myriam brauch en neie Computer. **e.** Dir däerft hei net parken. **f.** De Patient soll seng Medikamenter owes huelen.

10 **1.** weess **2.** rifft **3.** keefs **4.** mécht **5.** gëtt **a.** gees **b.** gesäis **c.** kënnt **d.** ëss **e.** hëlt

Chapitre 2 : Les verbes pronominaux / pronoms réfléchis / verbes à particules séparables / Activités de loisirs et passe-temps / Activités journalières

1 **a.** zeréckfueren / Ech fueren zeréck. **b.** umaachen / Ech maachen un. **c.** ausmaachen / Ech maachen aus. **d.** matmaachen / Ech maache mat. **e.** eropfueren / Ech fueren erop. **f.** heemfueren / Ech fueren heem.

2 **a.** 5 zoumaachen **b.** 4 heemfueren **c.** 6 erausgoen **d.** 2 matmaachen **e.** 1 ausmaachen **f.** 3 umaachen

❸

K	K	N	N	L	X	P	W	I	W	Y	Z	U	T	Z	N	N	L
K	X	F	S	E	S	J	R	O	T	D	D	T	G	G	U	B	R
A	Q	F	W	U	M	E	L	L	E	N	E	W	Z	U	K	M	Y
E	R	D	E	E	C	G	V	X	S	G	M	J	W	I	X	I	S
R	V	L	Y	R	X	D	U	M	A	A	C	H	E	N	S	Y	C
O	C	K	R	O	S	P	I	A	S	C	H	R	E	I	W	E	N
P	J	F	U	F	Ä	N	K	E	N	T	Y	W	V	Q	K	W	E
G	K	O	Y	G	Q	W	T	G	N	V	Q	Z	B	O	I	G	B
O	Q	Y	D	O	L	Z	E	R	É	C	K	F	U	E	R	E	N
E	R	M	T	E	C	G	D	R	F	I	I	F	N	P	N	R	A
N	O	Q	P	N	N	M	G	P	N	K	C	W	I	S	B	H	J
N	P	C	M	I	K	J	I	I	G	J	B	V	C	T	W	D	F
V	H	V	Q	S	I	E	A	S	E	X	K	X	I	P	B	P	O
B	A	Q	N	D	X	X	I	I	D	H	O	J	M	S	I	M	C
I	L	S	Y	L	W	K	R	K	A	U	S	D	O	E	N	E	D
D	E	U	C	C	W	B	M	A	T	M	A	A	C	H	E	N	U
N	N	P	Q	S	C	J	C	Z	B	S	Y	R	B	O	Y	X	X
N	Q	J	J	N	M	N	F	H	J	M	G	B	N	D	I	W	K

enlever (un vêtement) / faire enregistrer / allumer / inscrire / commencer / participer / monter / arrêter / descendre / retourner

❹ **a.** De Pit fiert mam Zuch heem. **b.** Am Kino maache mir den Handy aus. **c.** Doheem doe mir Schlappen un. **d.** De Cycliste fiert de Bierg lues erop. **e.** Dir maacht d'Luuchten am Büro un. **f.** Vill Leit maache beim Marathon vu Lëtzebuerg mat.

❺ **a.** dech, dech **b.** lech **c.** sech **d.** mech **e.** eis ou ons **f.** sech

❻ **a.** Le bus part dans 10 minutes, tu dois te dépêcher. **b.** Beaucoup de jeunes gens s'intéressent aux ordinateurs. **c.** Nous nous excusons de notre retard. **d.** Mes amis s'inscrivent à un cours de luxembourgeois. **e.** Mon père se rase chaque jour.

❼ **a.** 3 **b.** 5 **c.** 4 **d.** 1 **e.** 6 **f.** 2

❽ **a.** erënneren eis **b.** këmmere sech **c.** dech undoen **d.** mech erkalen

❾ **a.** Dir schreift lech virum 31. Mäerz fir de Cours an. **b.** D'Sarah deet sech ëmmer schick un. **c.** D'Leit doe sech aus, fir an d'Sauna ze goen. **d.** Mir mellen eis fir den nächsten Niveau un. **e.** Ech reege mech net ze vill op.

❿ **a.** C. 3. **b.** B. 1. **c.** A. 2. **d.** E. 4. **e.** F. 6. **f.** D. 5.

Chapitre 3 : Les temps du passé

❶ **sinn :** du waars – hien/si/hatt war – mir waren – dir/Dir waart – si waren / **hunn :** ech hat – hien/si/hatt hat – mir haten – dir/Dir hat – si haten / **kënnen :** ech konnt – du konnts – mir konnten – dir/Dir konnt – si konnten / **sëtzen :** ech souz – du souz – hien/si/hatt souz – mir souzen – si souzen / **wëssen :** ech wousst – du wousst – hien/si/hatt wousst – dir/Dir wousst – si woussten / **soen :** ech sot – du sos – hien/si/hatt sot – mir soten – dir/Dir sot / **stoen :** du stoungs – hien/si/hatt stoung – mir stoungen – dir/Dir stoungt – si stoungen / **kommen :** ech koum – du koums – mir koumen – dir/Dir koumt – si koumen / **ginn :** ech gouf – du goufs – hien/si/hatt gouf – mir goufen – si goufen / **kréien :** ech krut – hien/si/hatt krut – mir kruten – dir/Dir krut – si kruten

❷ **a.** D'Wieder ass immens schéin. (sinn) **b.** Mir sëtzen de ganze Mëtteg op der Terrass. (sëtzen) **c.** Mir kënnen net vill schaffen. (kënnen) **e.** Den Owend wëlle mir eppes drénke goen. (wëllen) **f.** Mir hunn net vill Zäit. (hunn) **g.** Meng Schwëster kritt e Parfum fir hire Gebuertsdag. (kréien)

❸ **a.** hien hat **b.** mir wollten **c.** dir goungt **d.** si duerften **e.** hatt houng **f.** du sos **g.** si krut

❹ **a.** si **b.** sidd **c.** huet **d.** hunn **e.** huet **f.** ass **g.** ass

❺ **1.** gaangen **2.** ugefaangen **3.** bliwwen **4.** gereest **5.** gesinn **6.** geléiert **7.** geléiert **8.** getraff **9.** komm **10.** bestuet

❻ **a.** Ech hu mech an en Danzcours ageschriwwen. **b.** Mäi Papp huet sech iwwert mäin Accident opgereegt. **c.** De Paul huet sech ausgedoen, fir an d'Sauna ze goen. **d.** Mir hunn eis am Auto agespaart. **e.** D'Marie huet sech fir d'Hochzäit schick ugedoen. **f.** De Buttek huet e Samschdeg den Owend méi fréi zougemaach. **g.** Mir sinn ze spéit fortgefuer (oder: fortgaangen).

❼ **a.** 5 **b.** 4 **c.** 2 **d.** 6 **e.** 1 **f.** 3

❽ **a.** Hier matin, il est allé en voiture à l'école. **b.** Cette après-midi, nous avions une réunion avec le directeur. **c.** Avez-vous regardé vous aussi la télévision hier soir ? **d.** Ce matin, je me suis réveillé trop tard et c'est pour cette raison que je suis arrivé en retard au travail. **e.** Hier à midi nous avons mangé dans un restaurant végétarien.

❾ **a.** Mir waren an der Nuecht an d'Vakanz gefuer. **b.** Mir hate keng Paus gemaach. **c.** Mir waren um sechs Auer moies ukomm. **d.** Eis Frënn hate schonn de Kaffi preparéiert. **e.** Mir waren direkt op d'Plage gaangen. **f.** Nomëttes hate mir e bësse geschlof. **g.** Owes ware mir doudmidd an d'Bett gefall.

❿ **a.** aucune (Nous avons eu du beau temps pendant les vacances.) **b.** Nodeem mir giess haten (Après que nous avons mangé / après avoir mangé, nous sommes allés au cinéma.) **c.** aucune (Une fois que nous aurons regardé le film, nous sortirons.) **d.** Wéi si mam Exercice fäerdeg waren (Après qu'ils ont terminé l'exercice / après avoir terminé l'exercice, ils ont bu un café.) **e.** Wéi mir de Kaffi gedronk haten (Après que nous avons bu le café, nous n'étions plus fatigués.) **f.** aucune (Parce que nous sommes restés plus longtemps, on nous a encore offert un verre.)

Chapitre 4 : Nominatif, accusatif, datif

1 **a.** N / A / D **b.** N / D / A **c.** N / D / A **d.** N / D **e.** N / D / A

2 **a.** fir eng propper Ëmwelt (traduction : Nous nous engageons pour un environnement propre.) **b.** zënter engem Joer (traduction : Clara habite depuis un an au Luxembourg.) **c.** wéinst engem Accident (traduction : La rue était fermée en raison d'un accident.) **d.** Trotz dem schlechte Wieder (traduction : Malgré le mauvais temps, beaucoup de gens se trouvaient au concert en plein air.) **e.** vun deem neie Buch (traduction : Je n'ai encore rien entendu à propos de ce nouveau livre.) **f.** duerch e laangen Tunnel (traduction : Nous devons rouler à travers un long tunnel.)

3 **a.** him **b.** hien **c.** hinnen **d.** hien **e.** hir **f.** him **g.** hatt

4 **a.** 3 **b.** 4 **c.** 6 **d.** 5 **e.** 1 **f.** 2

5 **a.** Ech diktéieren der Sekretärin en. **b.** De Proff erkläert de Schüler se. **c.** Mir erzielen de Kanner se. **d.** Meng Eltere schenke mir en. **e.** Ech kann iech et léinen. **f.** Den Immobilienagent weist de Clienten se.

6 **a.** him **b.** hinnen **c.** se **d.** hinnen en **e.** hinnen se **f.** hir et

7 **a.** 8 **b.** 3 **c.** 9 **d.** 10 **e.** 1 **f.** 2 **g.** 4 **h.** 5 **i.** 7 **j.** 6

8 **a.** Ils ont chaud. **b.** Il est désolé. **c.** Le vin nous plaît bien. **d.** Pour le client, c'est pareil. **e.** Le massage nous fait du bien. **f.** Aujourd'hui, je ne vais pas bien.

9 **a.** midd **b.** granzeg **c.** krank **d.** rosen **e.** geckeg **f.** frou **g.** traureg **h.** glécklech

10 **a.** mech **b.** him **c.** eis **d.** mech/hatt **e.** mir/si **f.** hinnen **g.** dir

Chapitre 5 : Propositions infinitives (fir... ze..., ouni... ze...) / Mots composés

1 **a.** ø **b.** ze **c.** ø **d.** ze **e.** ø **f.** ø

2 a., b., e., f. sont correctes.

3 **a.** ouni/ze **b.** amplaz/ze **c.** fir/ze **d.** ouni/ze **e.** fir/ze **f.** amplaz/ze

4 **a.** ouni d'Rechnung ze bezuelen **b.** amplaz eng Ambulanz ze ruffen **c.** fir eng Bluttanalys ze maachen **d.** fir senger Fra e Kaddo ze kafen **e.** ouni sech d'Hänn ze wäschen **f.** amplaz en Taxi ze huelen

5 **a.** 5 **b.** 6 **c.** 2 **d.** 3 **e.** 1 **f.** 4

6 **a.** iwwert dem Joggen **b.** iwwert dem Kachen **c.** iwwert dem Akafen **d.** iwwert dem Schaffen **e.** iwwert dem Schlofen

7 **a.** -dësch **b.** -zëmmer **c.** -zëmmer **d.** -schaf **e.** ø **f.** -zëmmer **g.** -maschinn **h.** ø **i.** -regal **j.** -maschinn **k.** -dësch **l.** -stull

8 **a.** Wäiglas **b.** Hausschlëssel **c.** Hausnummer **d.** Bréifkëscht **e.** Telefonsnummer **f.** Waasserglas

9 Kaffistaass (tasse à café) / Béierglas (verre à bière) / Täscheluucht (lampe de poche) / Dreckskëscht (poubelle, litt. « boîte à ordures ») / Kellerfënster (fenêtre de cave) / Liesbrëll (lunettes de lecture) / Trapenhaus (cage d'escalier, litt. « maison d'escalier ») / Vëloskeller (cave à vélos)

K	W	Z	V	R	O	K	P	Q	V	E	T	Z	L	D	G	Z	I
P	F	G	Ë	R	Y	P	T	G	N	S	V	M	I	L	Q	R	T
J	M	O	L	S	W	Q	G	B	M	I	K	D	E	U	O	P	A
S	S	K	O	R	W	Q	O	G	H	H	E	V	W	M	L	O	P
D	I	U	S	W	U	P	R	E	J	D	L	O	R	R	L	Q	X
V	G	T	K	E	D	C	H	N	W	U	L	G	G	U	Z	T	Q
K	T	W	E	C	G	T	Ä	S	C	H	E	L	U	U	C	H	T
A	M	L	L	A	O	P	P	Q	W	C	R	F	S	P	R	I	T
F	T	Q	L	B	R	S	J	C	L	H	F	Y	L	P	P	K	A
F	R	P	E	L	H	C	M	P	X	H	Ë	W	E	Q	N	C	M
I	W	T	R	I	U	T	M	L	W	N	N	H	Q	T	Q	A	A
S	E	D	E	E	I	U	Q	L	Q	O	S	F	P	M	L	Y	R
T	C	E	F	S	Q	Z	B	A	Z	A	T	M	T	Y	L	U	I
A	U	X	M	B	E	Q	T	B	É	I	E	R	G	L	A	S	C
A	P	Y	L	R	P	P	S	O	P	I	R	J	Z	P	S	V	U
S	B	P	Z	Ë	G	T	R	A	P	E	N	H	A	U	S	B	S
S	E	H	A	L	M	D	R	E	C	K	S	K	Ë	S	C	H	T
F	U	I	R	L	F	P	E	Q	F	A	L	C	G	M	E	I	A

10 **a.** d'Carte-d'identitéen **b.** d'Hors-d'oeuvren **c.** d'Point-de-vuen **d.** d'Cité-judiciairen **e.** d'Assistante-sociallen **f.** d'Coup-de-têten

Chapitre 6 : Déclinaisons de l'adjectif au nominatif, accusatif et datif / Les adjectifs pour décrire une personne / Les vêtements

❶ **a.** en neien Auto **b.** e grousse Jong **c.** eng liicht Jackett **d.** eng al Kap **e.** e gielt Hiem **f.** e ronnt Gesiicht **g.** laang Hoer **h.** almoudesch Schong

❷ **a.** Si huet laang, brong Hoer a grouss, gréng Aen. **b.** Si huet eng kleng, schmuel Nues an e schéinen, volle Mond. **c.** Si huet léif, kleng Oueren an en energesche Kënn. **d.** Si huet ëmmer ganz modernt Gezei un. **e.** Si huet ni en alen T-Shirt oder eng almoudesch Box un. **f.** Si ass räich an huet e wonnerschéint Haus.

❸ **a.** ale **b.** modernen **c.** aler **d.** neien **e.** flotter **f.** laangen

❹ **a.** e gudden Owend **b.** e léiwen Noper **c.** en orangë Bic **d.** en efficacë Plang **e.** e beigë Mantel **f.** en héijen Niveau **g.** en haarde Buedem **h.** e breede Wee **i.** en aalt Haus **j.** e kaalt Zëmmer **k.** e schiift Bett

❺ **a.** Deieres **b.** Neies **c.** Liichtes **d.** Klenges **e.** Waarmes **f.** Schéines

❻ **a.** Rimm **b.** Hiem **c.** gréng **d.** liicht **e.** Blus **f.** Kostüm

❼

K	D	É	C	K	C	U	H	A	Y	Y	G	X	E	R
E	B	P	Ü	N	K	T	L	E	C	H	H	A	Z	T
J	S	C	H	É	I	N	I	F	R	K	K	M	Q	W
S	A	T	Z	P	Y	I	G	U	G	G	V	S	B	S
R	L	R	B	W	B	H	N	M	Z	E	U	C	R	L
P	R	F	D	S	F	N	C	J	W	K	S	H	H	A
S	J	K	H	R	W	V	X	Y	L	R	U	E	Z	N
Y	P	J	D	K	V	K	R	W	C	A	V	I	F	G
X	X	Z	L	L	Q	E	E	P	J	U	E	B	F	W
R	I	D	S	E	M	F	L	F	W	S	H	G	V	E
D	J	R	S	N	E	I	L	V	T	E	F	F	Y	I
P	I	Q	M	G	Y	M	E	S	L	L	G	W	W	L
N	D	S	T	E	N	T	N	J	F	T	U	O	V	E
C	Z	W	Y	M	F	G	R	A	N	Z	E	G	X	G
M	Q	K	S	P	G	M	H	D	K	N	G	F	L	K

❽ **a.** 1 **b.** 7 **c.** 4 **d.** 11 **e.** 12 **f.** 6 **g.** 9 **h.** 10 **i.** 2 **j.** 3 **k.** 5 **l.** 8

❾ Claudine a un nouveau petit ami. Elle dit : **a.** Il est très beau et gentil, il n'est jamais de mauvaise humeur. **b.** Il s'habille toujours de façon élégante. **c.** Il est aussi appliqué et travaille beaucoup. **d.** Il est aussi un peu timide, mais très intéressant. **e.** Il est aussi toujours ponctuel, il n'arrive jamais en retard. **f.** Et il est tellement intelligent ! Mais je le connais. **g.** Je le trouve laid et de mauvaise humeur. **h.** Ses vêtements sont vieillots. **i.** Il est paresseux et ne travaille pas beaucoup. **j.** Il est ennuyeux et ne parle pas beaucoup. **k.** Il est souvent en retard. **l.** Et je le trouve un peu bête.

❿ **a.** neien **b.** interessante, léiwer **c.** flotten **d.** Guddes **e.** aalt **f.** wäisst, groe

Chapitre 7 : Comparatif et superlatif / Unités de mesure / Météo

❶ **a.** méi … wéi **b.** net esou … wéi **c.** méi … wéi **d.** esou … wéi **e.** méi … wéi

❷ **a.** F **b.** R **c.** R **d.** F **e.** R **f.** F **g.** R **h.** R

❸ **a.** am gréissten **b.** am klengsten **c.** am eelsten **d.** am jéngsten **e.** am héchsten **f.** am wäermsten **g.** am keelsten **h.** am häertsten **i.** am stäerksten **j.** am längsten **k.** am meeschten **l.** am mannsten **m.** am beschten **n.** am léifsten

❹ **a.** héchste **b.** gréisst **c.** meescht **d.** breetst **e.** bekanntste **f.** jéngste

❺ **a.** Wéi al ass de Premierminister? **b.** Wéi schwéier ass d'Statue? oder : Wéi vill weit d'Statue? **c.** Wéi séier fiert den TGV? **d.** Wéi héich ass den héchste Bierg vu Lëtzebuerg? **e.** Wéi grouss ass Lëtzebuerg?

❻ **a.** 5 **b.** 4 **c.** 2 **d.** 1 **e.** 6 **f.** 3

❼ **a.** 5 **b.** 1 **c.** 2 **d.** 3 **e.** 6 **f.** 7 **g.** 4 **h.** 8

❽ **a.** Norde **b.** Sprangpressessioun **c.** Schlässer, Buergen **d.** Minett, Belval **e.** Éislek

❾ **a.** Plus on est vieux, plus on est malin. **b.** Plus on travaille, plus on se fatigue. **c.** Plus tu as d'invités, plus tu dois cuisiner. **d.** Plus je mange, plus je grossis. **e.** De plus en plus de gens sont végétariens. **f.** De moins en moins d'enfants font du sport. **g.** Au printemps, il fait déjà chaud. **h.** En été, le soleil brille souvent. **i.** En automne, il pleut plus souvent. **j.** En hiver, il neige de temps à autre.

❿ **a.** Ëmmer manner Leit kafen Zeitungen. **b.** Freides sinn d'Butteker méi laang op wéi normalerweis. **c.** Wat s du méi léiers, wat deng Resultater besser sinn. **d.** Wéi heescht dee längste Floss vu Lëtzbuerg? **e.** Wéi séier fiert den TGV? **f.** Wat fir een Exercice fënns du am witzegsten?

Chapitre 8 : Conditionnel présent (expressions de politesse)

❶ **a.** wëssen **b.** Ginn **c.** hunn **d.** brauchen **e.** hunn **f.** sinn **g.** sollen **h.** Kënnen

❷ **a.** Mir géifen d'Kanner gär an der Crèche umellen. **b.** Si hätte gär eng léif Educatrice. **c.** Géifs du och gär mat an den neie Kleederbuttek goen? **d.** De Jacques hätt gär en anere Stonneplang (horaire). **e.** D'Cliente hätt gär en anere Modell. **f.** De Client géif de Kontrakt gär direkt ënnerschreiwen.

3 **a.** Kéint Dir d'Fënster opmaachen? **b.** Kéint Dir mir Ären Dossier ginn? **c.** Kéint Dir d'Dier zoumaachen? **d.** Kéint Dir mat an d'Keess kommen? **e.** Kéint Dir mir en anere Modell weisen? **f.** Kéint Dir hei ënnen um Dokument ënnerschreiwen? **g.** Kéint Dir mir dat nach eng Kéier erklären?

4 **a.** Ech bräicht eng nei Carte d'identité. **b.** Kéints du nach Brout kafe goen? **c.** Wär dat alles? **d.** Ech hätt nach eng Fro. **e.** Ech wéisst gär, wou de Bicherbuttek ass. **f.** Ech séiz am léifsten an der leschter Rei. **g.** Ech wier frou, wann Dir komme kéint.

5 **a.** 7 **b.** 2 **c.** 1 **d.** 5 **e.** 4 **f.** 6 **g.** 8 **h.** 3

6 **a.** Pourriez-vous traduire le discours du président ? **b.** Voudriez-vous faire un tour du Luxembourg ? **c.** J'aurais encore besoin de votre numéro de compte. **d.** Nous aurions encore quelques questions au sujet du nouveau plan. **e.** S'il savait ! **f.** Je serais heureux si mes élèves réussissaient l'examen.

7 **kënnen :** du kéints – hien/si/hatt kéint – mir kéinten – dir/Dir kéint – si kéinten / **wëllen :** ech wéilt – du wéilts – hien/si/hatt wéilt – dir/Dir wéilt – si wéilten / **brauchen :** ech bräicht – hien/si/hatt bräicht – mir bräichten – dir/Dir bräicht – si bräichten / **kommen :** ech kéim – du kéims – hien/si/hatt kéim – mir kéimen – si kéimen / **ginn :** ech géif – du géifs – hien/si/hatt géif – mir géifen – dir/Dir géift / **goen :** ech géing – du géings – mir géingen – dir/Dir géingt – si géingen

8 **a.** ech, hien/si/hatt, dir/Dir ; kënnen **b.** ech, du, hien/si/hatt, dir/Dir ; wëssen **c.** du ; brauchen **d.** mir ; wëllen **e.** ech, hien/si/hatt ; goen **f.** mir ; däerfen **g.** ech, du, hien/si/hatt, dir/Dir ; mussen

9 **a.** 6 **b.** 5 **c.** 2 **d.** 3 **e.** 1 **f.** 7 **g.** 4

10 **a.** Kéinte **b.** dierft **c.** Géift … ophalen **d.** wéisst gär **e.** Bräichs **f.** misst **g.** wier/wär, hätt

Chapitre 9 : Verbes de position et de déplacement / Particules de « mouvement » / Repères en ville / Meubles et pièces dans la maison / Adverbes de position

1 **a.** steet **b.** stellen **c.** leeën **d.** läit **e.** stinn

2 **leien :** du läis – hien/si/hatt läit – mir leien – dir/Dir leit – si (pl.) leien / **stoen :** ech stinn – hien/si/hatt steet – mir stinn – dir/Dir stitt – si (pl.) stinn / **sëtzen :** ech sëtzen – du sëtz – hien/si/hatt sëtzt – mir sëtzen – si (pl.) sëtzen

3 **Prétérit :** Ech louch, Ech stoung, Ech souz, Ech houng, Ech stouch. **Conditionnel présent :** Ech léich, Ech stéing, Ech séiz, Ech héing, Ech stéich

4 **a.** stinn **b.** läit **c.** hänkt **d.** stécht **e.** sëtzt

5 **a.** 2 **b.** 6 **c.** 3 **d.** 4 **e.** 1 **f.** 5

6 **a.** erop **b.** eran **c.** erof **d.** eran **e.** eraus **f.** eran

7 **a.** uewen, ënnen **b.** bannen **c.** uewen **d.** vir **e.** baussen **f.** hannen

8 **a.** Kräizung **b.** Bréck **c.** Parkhaus **d.** Sakgaass **e.** riichtaus **f.** lénks **g.** riets **h.** Park **i.** laanscht

9 **a.** 5 **b.** 4 **c.** 2 **d.** 6 **e.** 1 **f.** 3

10 **a.** Schlofzëmmer **b.** Kichen **c.** Buedzëmmer **d.** Kannerzëmmer **e.** Iesszëmmer **f.** Keller **g.** Späicher **h.** Stuff **i.** Fënster **j.** Mauer **k.** Stack **l.** Gank

L	J	W	I	E	S	S	Z	Ë	M	M	E	R	H	U
O	G	N	S	B	Z	M	O	C	S	L	E	I	G	K
R	B	D	S	T	A	C	K	I	A	B	G	Q	S	G
G	O	M	I	Y	Y	F	C	A	L	E	I	S	C	C
S	W	G	V	L	V	S	T	U	F	F	P	P	H	L
N	D	Z	K	I	C	H	E	N	W	Z	B	Ä	L	E
K	A	N	N	E	R	Z	Ë	M	M	E	R	I	O	D
O	U	N	J	A	L	E	Y	J	F	D	L	C	F	A
O	B	I	W	N	K	Y	B	H	G	Y	X	H	Z	J
S	M	F	Ë	N	S	T	E	R	F	R	I	E	Ë	U
K	C	K	E	L	L	E	R	F	H	B	X	R	M	E
J	Q	R	B	U	E	D	Z	Ë	M	M	E	R	M	L
G	X	D	E	L	O	Q	G	O	Q	W	B	T	E	N
M	A	U	E	R	U	H	F	Q	B	I	C	F	R	X
N	J	G	A	N	K	T	B	S	L	T	C	D	M	C

11 **a.** accepter **b.** refuser **c.** accepter **d.** accepter **e.** refuser **f.** refuser

Chapitre 10 : Prépositions (de lieu) mixtes / Aménagement des pièces dans la maison

1 **a.** Spullmaschinn, Frigo, Iessdësch, Stull **b.** Canapé, Dësch, Fotell, Regal **c.** Bett, Kommoud, Kleederschaf, Nuetsdësch

2 **a.** oui, placer/poser **b.** oui, courir **c.** non, travailler **d.** non, attendre **e.** non, être couché

f. non, être debout **g.** oui, asseoir **h.** non, habiter **i.** non, être assis **j.** oui/non, accrocher/être accroché **k.** oui, (se) coucher

3 **a.** Wou steet den Auto? **b.** Wou sëtzt de Jacques? **c.** Wuer lees du deng Schlësselen? **d.** Wuer hänkt d'Anna säi Mantel? **e.** Wou steet däi Bett? **f.** Wuer fiers du mam Zuch? **g.** Wou mussen d'Kanner waarden?

4 **a.** op den Dësch **b.** um Telefon **c.** virum Spigel **d.** an den Eck **e.** op d'Kommoud **f.** niewent der Direktesch **g.** widdert d'Mauer

5 **a.** Marie met le tapis sous la table. **b.** Maxime accroche l'étagère entre deux portes. **c.** Antoine accroche le poster au mur. **d.** Louis met le canapé dans le coin. **e.** Monique pose le lampadaire près de la fenêtre. **f.** Luc accroche le lustre au-dessus de la table à manger. **g.** Serge pose la plante derrière le fauteuil. **h.** Nous plaçons la télévision devant le canapé.

6 **a.** steet de Canapé am Eck. **b.** läit den Teppech ënnert dem Dësch. **c.** sëtzt d'Kand um Stull. **d.** läit de Schlëssel op der Kommoud. **e.** steet den Auto an der Garage. **f.** hänkt de Mantel um Mantelbriet. **g.** steet d'Kommoud tëschent de Fënsteren.

7 **a.** Stellt de Canapé an den Eck. **b.** Stellt d'Steeluucht nieft de klengen Dësch. **c.** Stellt d'Kommoud tëschent déi zwou antik Fotellen. **d.** Stellt déi grouss Planz hannert d'Tëlee. **e.** Stellt d'Regal widdert d'Mauer, niewent d'Tëlee. **f.** Stellt d'Still hei ronderëm den Dësch. **g.** Hänkt d'Bild dohannen un d'Mauer, iwwert d'Kommoud. **h.** Leet de groussen Teppech virun d'Fënster.

8 **a.** engem klenge Bësch **b.** engem grousse Gebai, der Stad, enger grousser Plaz **c.** seng Aarbecht **d.** dem Gebai **e.** déi Bäckerei **f.** dem sechste Stack (oder: op/ um sechste Stack) **g.** sengem Büro, der Fënster **h.** e klenge Park **i.** dee Park

9 **a.** Fotell **b.** Bett **c.** Kommoud **d.** Frigo **e.** Regal **f.** Spigel **g.** Steeluucht **h.** Spullmaschinn **i.** Nuetsdësch

10 **a.** Bild, tableau **b.** Iessdësch, table à manger **c.** Kleederschaf, garde-robe **d.** Mantelbriet, portemanteau **e.** Teppech, tapis **f.** Eck, coin **g.** Wäschmaschinn, machine à laver

Chapitre 11 : Les pronoms relatifs / Les subordonnées relatives / Les pronoms démonstratifs

1 **1.** c. **2.** e. **3.** f. **4.** a. **5.** b. **6.** d.

2 **a.** 3 **b.** 3 **c.** 1 **d.** 1 **e.** 3 **f.** 2

3 **a.** deen **b.** déi **c.** déi **d.** dat **e.** déi **f.** dat **g.** deen

4 **a.** deem **b.** där **c.** deenen **d.** där **e.** deem **f.** deem **g.** där

5 **a.** Gesitt Dir déi Fra, déi mat mengem Noper schwätzt? **b.** Kaaft Dir deen Auto, deen an der Reklamm ass? **c.** Reservéiert Dir dat Zëmmer, dat fir dräi Persounen ass? **d.** Kucks du gär déi Filmer, déi roueg an ouni Action sinn? **e.** Schafft Dir mat deem Mann, dee sechs Sprooche schwätzt? **f.** Wunns du an deem Haus, dat e schéine Gaart huet?

6 **a.** 5 **b.** 3 **c.** 6 **d.** 1 **e.** 2 **f.** 4

7 **a.** wat **b.** deen **c.** Wien **d.** wat **e.** Wiem **f.** wat **g.** Wien **h.** dat

8 **a.** C'est tout ce qu'ils ont. **b.** Ils n'ont rien qui me plaise. **c.** Y a-t-il quelque chose dont tu aies besoin ? **d.** Il y a beaucoup de choses que les gens ne voient pas. **e.** Il faut souffrir pour être beau. (litt. Qui veut être beau doit souffrir) **f.** C'est la meilleure chose qui puisse vous arriver.

9 **a.** Dee **b.** Dat **c.** Déi **d.** Deen **e.** Déi **f.** Dee **g.** Dat

10 **a.** Voici mon nouveau pull-over. (litt. Celui-là) Il est bien chaud. **b.** Où est votre chef ? Je vais lui dire mon avis / ce que je pense ! (litt. : « à lui je vais dire mon avis ! ») **c.** J'appelle Pit. (litt. Celui-là) Il peut peut-être m'aider. **d.** Avez-vous vu cette maison ? (litt. Celle-là) Je l'achèterais volontiers. **e.** Où sont vos papiers ? (litt. Ceux-là) Vous devez toujours les avoir dans la voiture.

Chapitre 12 : La possession

1 **a.** Rack, Räck **b.** Rimm, Rimmer **c.** Schong, Schong **d.** Mantel, Mäntel **e.** Jupe, Juppen **f.** Kleed, Kleeder **g.** Hiem, Hiemer **h.** Händsch, Händschen **i.** Anorak, Anoraken **j.** Mutz, Mutzen

2 **a.** Schnauer **b.** Schwëster **c.** Monni **d.** Jong, Fils, Bouf **e.** Schwéiesch **f.** Niess **g.** Cousin (Koseng) **h.** Schwéierpapp

3 **a.** meng **b.** säin **c.** eis **d.** hiert **e.** däi

4 **a.** Je dois m'acheter de nouvelles chaussures, les miennes sont vieilles et usées. **b.** Peux-tu me prêter ton bonnet ? J'ai oublié le mien. **c.** Claude ne trouve pas ses gants : est-ce que ce sont les tiens ou les siens ? **d.** Voici vos chemises, les nôtres sont encore dans la machine. **e.** Comment trouves-tu sa robe ? Je trouve la mienne trop chic. **f.** Montre-moi donc ta ceinture ; la mienne est aussi en cuir.

5 **a.** Dem Här Schmit seng Fra **b.** Menger Cousine hiren Hond **c.** dengem Noper seng Fra **d.** Dem Claudine seng Elteren **e.** dem Alex seng Nopesch

6 **a.** hiert **b.** hiert **c.** seng **d.** säi **e.** hir **f.** hir **g.** hire

7 **a.** Dem Emma säi Meedchen heescht Clémence. **b.** Wéi fënns du der Madame Schneider hire Rack? **c.** Dem Här Worré seng Eltere wunnen an der Stad. **d.** Dem Maxime seng Schong si ganz nei. **e.** Wou schafft der Madame Sauber hiren Neveu? **f.** Kennt Dir dem Marie säi Brudder?

8 **a.** meng Tatta **b.** mäi Cousin **c.** mäi Schwoer **d.** meng Schwéiermamm **e.** mäin Eedem **f.** meng Tatta

9 **a.** Meng Cousine ass mengem Monni säi Meedchen. **b.** Säi Monni ass sengem Papp säi Brudder. **c.** Eis Urgroussmamm ass eiser Mamm hir Groussmamm. (oder: eiser Groussmamm hir Mamm.) **d.** Är Schnauer ass Ärem Jong seng Fra. **e.** Hire Schwéierpapp ass hirem Mann säi Papp.

10 **a.** eréischt **b.** eréischt **c.** nëmmen **d.** nëmmen **e.** eréischt **f.** nëmmen **g.** nëmme(n) **h.** eréischt

Chapitre 13 : Les verbes à régime prépositionnel / Les adjectifs à régime prépositionnel / Les pronoms prépositionnels

1 **a.** 4 **b.** 6 **c.** 1 **d.** 5 **e.** 8 **f.** 2 **g.** 3 **h.** 7

2 **a.** un **b.** an **c.** no **d.** iwwer **e.** vun (vun dem = vum) **f.** un **g.** mat **h.** iwwer

3 **a.** zefridde **b.** houfreg/stolz **c.** averstan **d.** responsabel **e.** verléift **f.** ofhängeg

4 **a.** dech. **b.** den Dokter **c.** him **d.** eis Famill. **e.** meng Vakanz. **f.** dëser Offer **g.** mäin Noper **h.** hir Kanner.

5 **a.** dofir. **b.** mat him **c.** un hien. **d.** dru(n) **e.** driwwer **f.** drop/op mech.

6 **a.** F, drun **b.** C **c.** C **d.** F, an hatt **e.** C **f.** C

7 **a.** Ëm wat, Ëm **b.** Fir wat, Fir **c.** Iwwer wien, Iwwer **d.** Vu wiem, Vun **e.** U wat, Un

8 **a.** drun **b.** drun **c.** u wat **d.** un, ëm **e.** fir **f.** domat **g.** un **h.** driwwer

9 **a.** 5 **b.** 4 **c.** 6 **d.** 3 **e.** 2 **f.** 1 **g.** 7

10 trei : fidèle / ongesond : malsain / ongedëlleg : impatient / sympathesch : sympathique / schëlleg : coupable / onuerdentlech : désordonné / musikalesch : musical / néideg : nécessaire / onhéiflech : impoli / frëndlech : amical, gentil

K	W	Z	O	K	P	Q	V	E	T	Z	L	D	G	Z	I	V	R
P	F	G	Y	P	T	G	N	S	V	M	I	L	Q	R	T	Ë	R
J	M	O	W	Q	O	B	M	I	K	D	E	U	O	P	A	L	S
S	S	K	W	Q	N	G	H	H	E	O	W	M	L	O	P	O	R
D	I	U	U	P	G	F	J	D	L	N	R	R	L	Q	X	S	W
V	S	T	D	C	E	R	W	U	L	G	G	U	Z	T	Q	K	E
K	C	W	G	T	S	Ë	C	H	E	E	U	U	C	H	T	E	C
A	H	L	O	P	O	N	U	E	R	D	E	N	T	L	E	C	H
F	Ë	Q	R	S	N	D	H	H	F	Ë	L	P	P	K	A	L	B
F	L	P	H	C	D	L	X	H	Ë	L	E	Q	N	C	M	E	L
I	L	T	U	T	M	E	W	N	N	L	Q	T	Q	A	A	R	I
S	E	D	I	U	Q	C	Q	O	S	E	P	M	L	Y	R	E	E
T	G	E	Q	Z	B	H	Z	A	T	G	T	Y	L	U	I	F	S
A	U	X	E	Q	T	B	O	N	H	É	I	F	L	E	C	H	B
A	P	T	P	P	S	O	P	I	R	J	Z	P	S	V	U	L	R
S	B	R	G	T	R	M	U	S	I	K	A	L	E	S	C	H	Ë
S	E	E	M	D	R	E	C	K	S	K	Ë	S	C	H	T	A	L
N	É	I	D	E	G	Q	F	A	L	C	G	M	E	I	A	R	L
Y	Z	P	U	L	O	S	Y	M	P	A	T	H	E	S	C	H	A

Chapitre 14 : Les conjonctions datt (dass), wéi, wann et ob

1 **b.** Et ass flott, datt d'nächst Woch Vakanz ass. **c.** Et ass traureg, datt säin Hond gestuerwen ass. **d.** Et ass komesch, datt d'Dier zougespaart ass. **e.** Et ass normal, datt de Patient nervös ass.

2 **a.** Muer annoncéiert de President, datt hien demissionéiert. **b.** Et deet mer leed, datt Dir waarde musst. **c.** Wousst Dir, datt de Pedro elo Lëtzebuerger ass? **d.** Ech mengen net, datt mäi Club den Tournoi gewënnt. **e.** Wou steet, datt de Buttek um 18 Auer zouméicht? **f.** Mäi Chef wëllt, datt ech sonndes schaffen.

3 **a.** Wann **b.** wéini **c.** ob **d.** wann **e.** ob **f.** wann **g.** wéini

4 **a.** 4 **b.** 1 **c.** 2 **d.** 6 **e.** 3 **f.** 5

5 **a.** Si les enfants regardent beaucoup la télévision, (alors) ils lisent moins. **b.** Si vous êtes membre, (alors) vous aurez une réduction. **c.** Si vous êtes allergique au poisson, (alors) vous n'avez pas le droit de manger du saumon. **d.** Si vous ne comprenez pas l'exercice, (alors) vous devez poser des questions. **e.** Si vous voulez devenir Luxembourgeois, (alors) il faut faire un test de langues. **f.** Si vous voulez voyager aux États-Unis, (alors) vous avez besoin d'un visa.

6 **a.** 3 **b.** 6 **c.** 1 **d.** 5 **e.** 4 **f.** 2

7 **a.** Fraendokter **b.** Aendokter **c.** Hausdokter **d.** Gastrolog **e.** Kannerdokter **f.** Zänndokter **g.** Hautdokter **h.** Déierendokter **i.** Psychiater

8 **a.** 2 **b.** 2 **c.** 1 **d.** 3

9 bientôt / geschwënn – déjà / schonn – encore / nach – plus tôt, plutôt / éischter – vraiment / wierklech – presque / bal – tout à fait / ganz – très / immens – à peine / kaum – assez / zimlech

K	W	Z	V	R	O	K	P	Q	V	E	T	Z	L	D	G	Z	I
P	F	G	Ë	R	Y	P	T	G	N	S	V	M	I	L	Q	R	T
J	M	O	N	A	C	H	G	B	M	I	K	D	E	U	O	P	A
S	S	K	O	R	W	Q	O	G	H	H	E	V	W	M	L	O	P
D	I	U	G	E	S	C	H	W	Ë	N	N	O	R	R	L	Q	X
V	G	T	K	E	D	C	H	N	W	U	L	G	G	U	Z	T	Q
K	T	W	E	C	G	T	Ä	S	C	H	E	L	U	U	C	H	T
A	K	L	L	A	O	P	P	Q	W	C	R	F	S	P	I	I	T
F	A	Q	W	I	E	R	K	L	E	C	H	Y	L	P	M	K	A
F	U	P	E	L	H	C	M	P	X	H	Ë	W	E	Q	M	C	M
I	M	T	R	I	U	T	M	L	W	G	A	N	Z	T	E	A	A
S	E	É	I	S	C	H	T	E	R	O	S	F	I	M	N	Y	R
T	C	E	F	C	Q	Z	B	A	Z	A	T	M	M	Y	S	U	I
A	U	X	M	H	E	Q	T	B	É	I	E	R	L	L	A	S	C
A	P	Y	L	O	P	P	S	O	P	I	R	J	E	P	S	V	U
S	B	P	Z	N	G	T	R	A	P	E	N	H	C	U	S	B	S
S	E	H	A	N	M	D	R	E	C	K	S	K	H	S	C	H	T
F	U	I	R	L	B	A	L	Q	F	A	L	C	Y	M	E	I	A

10 **a.** 2 **b.** 3 **c.** 1 **d.** 3 **e.** 2 **f.** 3 **g.** 1 **h.** 2 **i.** 2

Chapitre 15 : La voix passive

1 **a.** PA **b.** PE **c.** PA **d.** A **e.** A

2 **a.** En Dënschdeg ass d'Strooss gespaart. **b.** Méttes ass alles gebotzt. **c.** Um 4 Auer ass de Kuch gebak. **d.** D'nächst Woch ass d'Haus renovéiert.

3 **a.** De Gauguin huet dëst Bild op Tahiti gemoolt. **b.** Eng Harespel huet mech gepickt. **c.** D'Galerie stellt d'Biller vum bekannte Moler aus. **d.** De Grand-Duc empfänkt de Premierminister. **e.** Eng Lëtzebuerger Firma huet eist Haus renovéiert.

4 **a.** Meng Kanner gi vum Kannermeedche gezillt. **b.** Mäin Auto gëtt vum Mecanicien gefléckt. **c.** Mäin Iesse gëtt vum Kach gekacht. **d.** Mäin Haus gëtt vun der Botzfra gebotzt. **e.** Meng Wiss gëtt vum Noper geméit. **f.** Mäin Hond gëtt vun der Nopesch spadséiere geféiert. **g.** Meng Kaz gëtt vu menger Schwëster gefiddert.

5 **a.** vum Proff **b.** vum Zänndokter **c.** vum Zeien **d.** vum Staat **e.** vum Guide **f.** vu mir **g.** vum Direkter

6 **a.** Demain on commence à 8 heures. **b.** Ici on parle luxembourgeois. **c.** Maintenant on dort. **d.** Ici on ne fume pas. **e.** On dit qu'il serait malade. **f.** On parle beaucoup de l'environnement.

7 **a.** 4 **b.** 1 **c.** 5 **d.** 6 **e.** 2 **f.** 3

8 **a.** stoe bleiwen **b.** opgehale **c.** hält … op **d.** stoe bleift/hält **e.** ophale **f.** stoe bliwwen **g.** verhaft **h.** hält … op

9 **a.** éierlech **b.** hëllefsbereet **c.** liddereg **d.** virwëtzeg **e.** agebilt **f.** granzeg **g.** knéckeg **h.** pünktlech

10 **1.** generéis **2.** uerdentlech **3.** schei **4.** fläisseg **5.** éiergäizeg **6.** langweileg **7.** stur **8.** tolerant **9.** nervös **10.** egoistesch

Crédits des images

Dr : couverture, 5, 19, 37, 66, 5, 69, 72, 77, 90, 94, 104, 110 ; Fotolia : eyewave : 52 ; patrylamantia : 45 ; sentavio : 45, 89 ; Shutterstock : Abeadev : 4h ; Adam Vilimek : 14h ; ADE2013 : 26h ; Aleutie : 94h, 112h ; alexokokok : 5b ; angkrit : 4b ; ankomando : 27m ; Anna Violet : 116h ; Antranig Art : 97b ; AnutaBerg : 62h ; Aratehortua : 105h ; AriSys : 18b ; A-R-T : 103h ; Artit Fong-ung : 102bd ; avian : 34h, 86-87, 113b ; Bakai : 104h ; Beresnev : 67gm, 112b ; beta757 : 20m ; bioraven : 59m ; BoBaa22 : 68b, 84m ; Bplanet : 36gb ; Brothers Good : 53h ; BSVIT : 76bg ; Bukhavets Mikhail : 8h ; bus109 : 78h ; Business stock : 117gb ; ByEmo : 26b ; chaiwatartwork : 63m ; Chattapat : 82bd ; Creatarka : 13, 40md ; Cristina Romero Palma : 53b, 54h ; Crystal Eye Studio : 6 ; Dark ink : 15b ; DesignPie.cc : 97h ; deviyanthi79 : 46b ; Dooder : 82m ; eatcute : 47m ; Ellagrin : 11 ; Elvetica : 74 (b. C, D, F, R), 74 (c. B, N), 87 ; Fotinia : 42md, 45 (jean, chemise, chausettes), 67dm, 86b ; Fred Ho : 33d, 115h ; freesoulproduction : 72hg ; getfile : 90 ; Glinskaja Olga : 74 (frigo, table), 79 ; Gurza : 70b ; happymay : 78b, 106bd ; Iconic Bestiary : 32, 57h ; Igor Zakowski : 3h ; Ilya Bolotov : 75b ; in_dies_magis : 36h ; Incomible : 18h, 27h, 45 (bonnet), 92b ; inithings : 3b, 29h ; Iriskana : 114b ; jesadaphorn : 10, 25b, 28, 30, 38b, 43b, 55h, 63b, 67b, 99b, 99m ; Jiri Perina : 110 ; johavel : 93 ; Julia Tim : 23, 77h, 81h, 96h ; Julia-art : 94dm ; Julie A. Felton : 97m ; KID_A : 115b ; kmlmtz66 : 102hg ; LanaN : 73, 74 (chaise, fauteuil, meuble) ; liskus : 31h ; Lorelyn Medina : 58h, 66 ; Lucky Team Studio : 112g ; Lyudmyla Kharlamova : 91 ; Macrovector : 25h, 16, 21b, 22h, 27b, 33b, 41h, 48, 55b, 60, 76m, 77gb, 82hd, 84h, 85h, 89b, 95b, 96b, 105mg, 107, 111b, 113h ; majivecka : 117 ; Malchev : 65 ; manop : 7h ; Margarita Levina : 101h ; Maria Starus : 114h ; Maria Zainoullina : 113m ; MarinaMay : 43h ; Marish : 81b, 86m, 94mg ; Marza : 37db ; Mascha Tace : 12b, 74 (c. K) ; Meilun : 7b, 34b, 47b, 116m ; merion_merion : 59h ; mhatzapa : 82bg ; Miceking : 33gh ; Michele Paccione : 45(écharpe) ; Millena : 40bg, 58b ; Minur : 24b ; Miuky : 71 ; Mix3r : 41b, 98h ; MSSA : 21m, 88m, 108 ; MyClipArtStore.com : 51b, 104m ; NGvozdeva : 61m ; nikiteev_konstantin : 36db, 56h ; NorSob : 51h ; nosik : 53m ; NotionPic : 98m, 26m ; Oceans : 35h ; Olga1818 : 8b, 20b, 24h, 28, 50, 76bd, 80h, 83, 92h, 103b ; olillia : 45(casquette, lingerie) ; openeyed : 75h, 85b ; Osiv : 68h ; Oxy_gen : 61b, 102b ; palasha : 99h ; Pan JJ : 31b ; phipatbig : 69h ; phloxii : 46h ; piercing : 64b ; Pretty Vectors : 22b ; Reljic Aleksandra : 68m ; Romashechka : 15h, 39b, 41m, 45 (botte, robe, manteau), 67m ; Rosa Puchalt : 112m ; schab : 12h ; Sentavio : 49, 105h ; Sibiryanka : 42b, 45 (ceinture), 88b ; Smart Design : 62b, 105b ; SofiaV : 37bg ; Spreadthesign : 52 ; stefanolunardi : 44 ; SThom : 35b ; Stocklifemax : 76h, 56b ; Studio_G : 102hd ; Tanya_Knyazeva : 9b, 59b ; Tarikdiz : 29m, b ; Tatiana Gulyaeva : 57b, 70h ; Taxiro : 37hd ; tele52 : 74 (lave-vaiselle) ; theromb : 14b ; Tomacco : 9h, 90h ; Vector Bakery : 98b ; Vector Tradition : 111h ; venimo : 106bg, 115m ; Verkhozina Ekaterina : 84b ; Vetreno : 35m ; Victor Metelskiy : 102gm ; Viktorija Reuta : 82hg ; vintagio : 54b ; Visual Generation : 80b, 101b ; warawiri : 95h ; whanwhan.ai : 17 ; WindAwake : 100 ; Yoko Design : 19, 78m ; yoshi-5 : 106m, 109b ; yurgo : 64h ; Yuzach : 38h, 106h ; Zentangle : 96m

LE PRÉTÉRIT

	ech	du	hien/si/hatt	mir	dir/Dir	si
sinn	war	waars	war	waren	waart	waren
hunn	hat	has	hat	haten	hat	haten
kënnen	konnt	konnts	konnt	konnten	konnt	konnten
däerfen	duerft	duerfts	duerft	duerften	duerft	duerften
sollen	sollt	sollts	sollt	sollten	sollt	sollten
wëllen	wollt	wollts	wollt	wollten	wollt	wollten
ginn	gouf	goufs	gouf	goufen	gouft	goufen
goen	goung	goungs	goung	goungen	goungt	goungen
kommen	koum	koums	koum	koumen	koumt	koumen
kréien	krut	krus	krut	kruten	krut	kruten
soen	sot	sos	sot	soten	sot	soten
wëssen	wousst	wousst	wousst	woussten	wousst	woussten
hänken	houng	houngs	houng	houngen	houngt	houngen
leien	louch	louchs	louch	louchen	loucht	louchen
sëtzen	souz	souz	souz	souzen	souzt	souzen
stoen	stoung	stoungs	stoung	stoungen	stoungt	stoungen
stiechen	stouch	stouchs	stouch	stouchen	stoucht	stouchen
soen	sot	sos	sot	soten	sot	soten
froen	frot	froots	frot	froten	frot	froten
bleiwen	blouf	bloufs	blouf	bloufen	blouft	bloufen

LES PRONOMS PERSONNELS

Nominatif	Accusatif	Datif
ech	mech	mir
du	dech	dir
hien si hatt	hien si hatt	him hir him
mir	eis	eis
dir/Dir	iech/Iech	iech/Iech
si	si	hinnen

LE CONDITIONNEL

	ech	du	hien/si/hatt	mir	dir/Dir	si
sinn*	wär/ wier	wäers/ wiers	wär/ wier	wären/ wieren	wäert/ wiert	wären/ wieren
hunn	hätt	hätts	hätt	hätten	hätt	hätten
kënnen	kéint	kéints	kéint	kéinten	kéint	kéinten
däerfen	dierft	dierfts	dierft	dierften	dierft	dierften
sollen	sollt	sollts	sollt	sollten	sollt	sollten
wëllen	wéilt	wéilts	wéilt	wéilten	wéilt	wéilten
mussen	misst	misst	misst	missten	misst	missten
ginn	géif	géifs	géif	géifen	géift	géifen
goen	géing	géings	géing	géingen	géingt	géingen
kommen	kéim	kéims	kéim	kéimen	kéimt	kéimen
kréien	kréich	kréichs	kréich	kréichen	kréicht	kréichen
wëssen	wéisst	wéisst	wéisst	wéissten	wéisst	wéissten
hänken	héing	héings	héing	héingen	héingt	héingen
leien	léich	léichs	léich	léichen	léicht	léichen
sëtzen	séiz	séiz	séiz	séizen	séizt	séizen
stoen	stéing	stéings	stéing	stéingen	stéingt	stéingen

*il existe 2 variantes équivalentes

LES ARTICLES AU NOMINATIF/ACCUSATIF

	M	F	N	PL
article défini	de(n)	d'	d'	d'
article indéfini	e(n)	eng	e(n)	--
article négatif	kee(n)	keng	kee(n)	keng
article démonstratif	dee(n)	déi	dat	déi

LES ARTICLES AU DATIF

	M	F	N	PL
article défini	dem	der	dem	de(n)
article indéfini	engem	enger	enger	--
article négatif	kengem	kenger	kengem	kenge(n)
article démonstratif	deem	där	deem	deene(n)

TABLEAU D'AUTOÉVALUATION

Bravo, vous êtes venu(e) à bout de ce cahier ! Il est temps à présent de faire le point sur vos compétences et de comptabiliser les icônes afin de procéder à l'évaluation finale. Reportez le sous-total de chaque chapitre dans les cases ci-dessous puis additionnez-les afin d'obtenir le nombre final d'icônes dans chaque couleur. Puis découvrez vos résultats !

1. Révision des verbes réguliers et irréguliers, verbes de modalité			
2. Les verbes pronominaux / pronoms réfléchis / verbes à particules séparables / Activités de loisirs et passe-temps / Activités journalières			
3. Les temps du passé			
4. Nominatif, accusatif, datif			
5. Propositions infinitives (fir… ze…, ouni… ze…) / Mots composés			
6. Déclinaisons de l'adjectif au nominatif, accusatif et datif / Les adjectifs pour décrire une personne / Les vêtements			
7. Comparatif et superlatif / Unités de mesure / Météo			
8. Conditionnel présent (expressions de la politesse)			
9. Verbes de position et de déplacement / Particules de « mouvement » / Repères en ville / Meubles et pièces dans la maison / Adverbes de position			
10. Prépositions (de lieu) mixtes / Aménagement des pièces dans la maison			
11. Les pronoms relatifs / Les subordonnées relatives / Les pronoms démonstratifs			
12. La possession			
13. Les verbes à régime prépositionnel / Les adjectifs à régime prépositionnel / Les pronoms prépositionnels			
14. Les conjonctions datt (dass), wéi, wann et ob			
15. La voix passive			

Total, tous chapitres confondus ....

Vous avez obtenu une majorité de…

Ganz gutt!
Vous maîtrisez maintenant les bases du luxembourgeois. Vous êtes maintenant prêt à aller encore plus loin !

Net schlecht…
Mais vous pouvez encore progresser ! Refaites les exercices qui vous ont donné du fil à retordre en jetant un coup d'oeil aux leçons !

Probéiert nach eng Kéier!
Vous êtes un peu rouillé… Reprenez l'ensemble de l'ouvrage en relisant bien les leçons avant de refaire les exercices.

Dépôt légal : août 2018
N° d'édition : 3781
ISBN : 978-2-7005-0785-0

www.assimil.com
Imprimé en Slovénie par DZS
Mise en pages : Aurélia Monnier pour Lunedit
Réalisation : Lunedit